**BUZZ**

TÍTULO ORIGINAL *Sitting Pretty: The View from My Ordinary Resilient Disabled Body*

PUBLISHER Anderson Cavalcante

COORDENADORA EDITORIAL Diana Szylit

EDITOR-ASSISTENTE Nestor Turano Jr.

ANALISTA EDITORIAL Érika Tamashiro

PREPARAÇÃO Bonie Santos

REVISÃO Julian F. Guimarães, Paula Queiroz e Amanda Oliveira

PROJETO GRÁFICO Estúdio Grifo

DESIGN DE CAPA Micaela Alcaino

FOTO DE CAPA Micah Jones

*Nesta edição, respeitou-se o novo
Acordo Ortográfico da Língua Portuguesa.*

Dados Internacionais de Catalogação na Publicação (CIP)
(Câmara Brasileira do Livro, SP, Brasil)

Taussig, Rebekah
Poderosa e sobre rodas: Uma perspectiva do meu corpo
resiliente, comum e com deficiência / Rebekah Taussig;
apresentação de Flávia Cintra; tradução Isadora Goldberg Sinay
1ª ed. São Paulo: Buzz Editora, 2024.
Título original: *Sitting Pretty: The View from My
Ordinary Resilient Disabled Body*
256 pp.

ISBN 978-65-5393-000-1

1. Mulheres – Autobiografia 2. Pessoas com deficiência –
Autobiografia 3. Pessoas com deficiência - Inclusão social
4. Superação – Histórias de vida I. Título.

| 24-213735 | CDD 920.72 |
|---|---|

Índice para catálogo sistemático:
1. Mulheres: Autobiografia 920.72

Eliane de Freitas Leite – Bibliotecária – CRB 8/8415

Todos os direitos reservados à:
Buzz Editora Ltda.
Av. Paulista, 726, Mezanino
CEP 01310-100, São Paulo, SP
[55 11] 4171 2317
www.buzzeditora.com.br

# REBEKAH TAUSSIG

# PODEROSA

### uma perspectiva do meu corpo resiliente, comum e com deficiência

# E SOBRE RODAS

Apresentação
**Flávia Cintra**

Tradução
**Isadora Goldberg Sinay**

*Para todas as pessoas cujo corpo foi mandado à margem. Nossas histórias importam.*

Apresentação: Orgulho e resiliência
por Flávia Cintra
9

Prefácio
17

# Poderosa e sobre rodas

1. Qual o problema?
23

2. Uma história de amor comum e inimaginável
39

3. Mais que um defeito
69

4. Os verdadeiros cidadãos da vida
99

5. O preço do seu corpo
121

6. Festa feminista na piscina
153

7. As complicações da gentileza
181

8. O que eu quero dizer quando falo de acessibilidade
211

Epílogo
239

Posfácio
247

Agradecimentos
251

# Apresentação

## Orgulho e resiliência
### Flávia Cintra

Se eu pudesse escolher um único livro para ter lido trinta anos atrás, seria este.

Me sinto diante daquela fita de cetim vermelho que sela uma obra importante, sabe? Ao escrever estas linhas, é como se eu tivesse nas mãos a tesoura dourada que vai liberar o seu acesso a um mundo novo, muito mais interessante e inteligente, proporcionado pela perspectiva libertadora de Rebekah Taussig.

Nós, pessoas com deficiência, ainda estamos inaugurando esse mundo. E é com grande entusiasmo que te convido a conhecê-lo.

Em 2009, ocupei um lugar que não existia e me tornei referência em representatividade no jornalismo da TV aberta brasileira. Naquela época, inclusão era uma ideia embrionária nas empresas e o ESG nem existia. Me lembro do gelo na barriga e das borboletas no estômago no início da minha jornada, assim como da ousadia que me sustenta até hoje. A gente precisa ter muita coragem para se expor a um mundo que não foi feito para a gente, sabendo que vai enfrentar desvantagens e barreiras diárias e o rótulo de incapaz só por ter uma deficiência.

Mas a verdade é que eu não tinha essa coragem toda, então resolvi fingir. Aprendi essa estratégia dezoito anos antes, quando fiquei tetraplégica depois de um acidente de carro em que quebrei o pescoço. Até aquele momento, em 1991, a minha única referência de pessoa com deficiência era um rapaz paraplégico que eu via vendendo balas em sua cadeira de rodas num semáforo perto da minha casa. As pessoas compravam "para ajudar" e me lembro de ter sentido pena dele por muitas vezes. De repente o jogo virou e me vi sendo alvo de olhares parecidos aos que eu lançava àquele rapaz. Foi desesperador perceber que todos ao meu redor passaram a sentir pena de mim. E piorava a situação quando eu demonstrava raiva daquela piedade, argumentando que estar em uma cadeira de rodas não havia mudado quem eu era. Eu não tinha nenhuma certeza disso, mas sustentava aquela pose na tentativa de reaver um pouco da minha dignidade e identidade. Foi assim que eu caí na primeira armadilha que a sociedade impõe às pessoas com deficiência: para me livrar do rótulo de "coitadinha", aceitei ser um "exemplo de superação".

Não havia alternativa além dessa bifurcação no mundo sem internet, Google, redes sociais e telefone celular. A imagem de pessoas com deficiência era sempre associada à doença, tristeza e caridade. Quem fugia desse modelo ganhava o patético troféu de super-herói. Estou falando de códigos sociais do século passado que, por incrível que pareça, ainda vigoram nos dias de hoje.

Ao longo dos séculos, as pessoas com deficiência foram envolvidas em narrativas que resultaram em repetidas práticas de abandono e rejeição. Primeiro por não termos o mesmo ritmo dos demais enquanto vivíamos em sociedades nômades, depois por não nos enquadrarmos nas concepções de beleza de cada época e sermos vistos como aberrações. Nossas deficiências foram confundidas com doenças ou consideradas castigos de Deus; algo que ainda acontece hoje. Por fim, na Revolução Industrial, o valor do homem passou a ser medido pela sua capacidade de produção no menor tempo possível, reafirmando que nesse jogo não há lugar para a gente.

Quanto mais eu estudava a história, mais entendia o quanto minha sensação de não pertencimento era real e compartilhada com outros iguais a mim. O golpe de misericórdia veio pelo correio: um atestado de inválida carimbado e assinado pelo INSS. Isso mesmo, eu fui aposentada por invalidez aos 22 anos. Essa é outra armadilha que a sociedade nos impõe com frequência. A mensagem é clara: "Garantimos que você tenha o mínimo para que fique em casa e não nos incomode!". Era um salário mínimo vitalício, depositado religiosamente na minha conta no primeiro dia de cada mês. Em um primeiro momento, foi motivo de comemoração voltar a ter uma renda depois de quase quatro anos dependendo só da minha mãe para comprar qualquer coisa. Eu me sentia culpada em ser um peso também financeiramente para ela, professora estadual, que sustentou quatro filhos com dificuldade. Eu havia sido afastada do meu emprego de secretária em um cursinho pré-vestibular porque funcionava em um prédio em que o acesso era só por escadas. O afastamento para reabilitação evoluiu para a aposentadoria e logo me avisaram que eu só perderia o benefício se voltasse ao mercado de trabalho formal.

Entendeu a pegadinha? Se hoje a colocação profissional ainda é um grande desafio para pessoas com deficiência, imagine nos anos 1990. Eu teria que renunciar àquela renda mínima, mas que era garantida até o fim da minha vida se quisesse me arriscar em um emprego que me desse perspectiva de crescimento e autonomia. E se desse errado? Bem, se desse errado eu ficaria sem nada. E até hoje funciona assim. Há um teto de vidro que determina o limite econômico de até onde nos é permitido chegar. A gente pensa que as políticas públicas nos Estados Unidos, são diferentes, mas daqui a poucas páginas você verá Rebekah contando que nem tanto.

A sociedade ainda é baseada em padrões normativos que definem quem serve e quem não serve e, assim, vamos criando configurações de convivência e de exclusão. Como mulher branca, cis e hétero, experimentei por dezoito anos o lugar do privilégio. Cresci com a certeza de que eu era inteligente, linda, incrível e que poderia ser qualquer coisa que eu quisesse. Atravessar essa fronteira normativa aos dezoito anos foi devastador. Eu saí de casa para uma viagem de fim de semana cheia de futuro e voltei congelada em memórias de tudo o que eu poderia ser, mas não seria. Eu não tinha repertório para contestar aquela sentença de morte social, estava sozinha com os meus pensamentos e sentimentos que oscilavam entre a tristeza e a indignação.

A primeira pessoa que me enxergou foi o Luciano. Eu estava aguardando uma consulta médica com a minha mãe quando vi aquela figura conhecida deslizando em suas rodas esportivas. Era o cara que vendia balas no semáforo. Ele esbanjava simpatia e dominava a cadeira de rodas com maestria, enquanto contava histórias sobre suas partidas de basquete, viagens com a namorada e compromissos na agenda do ativismo pelos direitos das pessoas com deficiência. Ele era um militante articulado e inteligente, além de grande atleta. Como pude ter sentido pena de alguém tão incrível, tão cheio de vida, tão melhor que eu? Engoli silenciosamente a vergonha de me reconhecer preconceituosa. Muitos anos depois, esse preconceito ganhou nome: capacitismo.

Nos tornamos amigos e eu só conseguia sentir admiração e gratidão por tudo o que o Luciano me ensinava e por todas as dicas que me dava. As nossas conversas mostravam que havia um universo a ser desbravado por mim e deram a dimensão do quanto eu não sabia a respeito das possibilidades das pessoas com deficiência, mas ainda demorou bastante tempo até que eu conhecesse uma mulher parecida comigo. Eu procurava, mas não via ninguém.

Em uma noite de domingo, vi no *Fantástico* uma reportagem que mostrava uma mulher reivindicando por acessibilidade e respeito a direitos que eu nem conhecia. Ela circulava por ruas do Rio de Janeiro em uma cadeira de rodas motorizada, apontando as barreiras que a impediam de acessar lugares e exercer sua liberdade de ir e vir pela cidade. Fiquei encantada com sua beleza, inteligência, segurança e brilho nos olhos. Me lembro de pensar, com a força de uma oração: "eu vou aprender a ser como ela". Decorei seu nome: Rosangela Berman Bieler. Se fosse hoje, seria fácil encontrá-la no mesmo instante pelas redes sociais, né? Mas Instagram não existia nem na ficção científica daquela época. Fiquei com aquela mulher extraordinária na minha cabeça.

Demorei alguns meses para descobrir que Rosangela era uma líder ativista que havia fundado no Brasil o primeiro Centro de Vida Independente (CVI) e que ministrava cursos na sede de sua organização, no campus da PUC-Rio. Eu juntava parte da minha aposentadoria para viajar de Santos, cidade no litoral de São Paulo onde eu morava, até o Rio para participar das formações no CVI. Em pouco tempo, ao lado do Luciano e de outros ativistas, fundei um CVI em Santos. No ativismo, pude colaborar com conquistas importantes de reconhecimento de direitos e fiz parte de grupos potentes que me fortaleceram e me deram as ferramentas que eu precisava para abrir a minha própria estrada.

Olhando para trás, vejo que esse foi um momento mágico da minha vida. Se não tivesse visto a Rosangela naquela noite pela televisão, provavelmente eu não seria quem sou hoje. Ela abriu um portal que definiu a minha história de vida. E a cereja do bolo foi essa revolução começar com uma reportagem do *Fantástico*, programa onde acabei indo trabalhar quinze anos depois.

O rótulo de "inválida" era uma pedra no meu sapato, ou melhor, um prego no meu pneu. Tomei a difícil decisão de ir ao INSS cancelar o meu benefício em troca da liberdade para trabalhar. Eu tinha noção da lista de desvantagens que eu precisaria driblar para acessar uma vida comum, mas a outra opção era a vida medíocre que eu sabia que não queria.

A ocupação dos espaços sociais vem exigindo de nós, pessoas com deficiência, um olhar criativo e inovador porque muitas vezes vamos procurar caminhos e lugares que ainda não existem. Sabemos que seremos subestimados, infantilizados e desconsiderados em boa parte da jornada. Precisamos enfrentar o medo de não sermos aceitos e nos fortalecer para não sucumbir diante de tantos julgamentos. Só que quando desmentimos a lógica que nos resume às impossibilidades e rechaçamos o rótulo de incapazes, somos ovacionados como "heróis", "exemplos de vida", "inspiração".

É revoltante pensar que a mesma sociedade que produz e mantém todos os tipos de barreiras nos aplaude por superar as dificuldades que ela própria impõe. Nada é mais cruel e covarde. Há 32 anos eu passo muito tempo sem beber água fora de casa porque nunca sei quando e onde encontrarei um banheiro acessível. Eu trocaria sem pensar o meu título de "exemplo de superação" por uma vida anônima com menos desvantagens.

Me tornei jornalista e em 2003 fundei o Instituto Paradigma ao lado de Luiza Russo e outros parceiros visionários. Ainda dei a sorte de engravidar de gêmeos. Não, não foi inseminação artificial, engravidei com aquele método mais tradicional, sabe? Essa é uma das perguntas que passei os últimos dezessete anos respondendo e sei que talvez escute até o final da minha vida. Haja paciência.

Em 2009 trabalhei como consultora para *Viver a vida*, novela da TV Globo em que o autor Manoel Carlos me tomou por inspiração para criar uma personagem tetraplégica interpretada pela maravilhosa atriz Alinne Moraes. Àquela altura, eu havia acabado de participar da elaboração do conteúdo da convenção sobre os direitos das pessoas com deficiência da ONU e meus gêmeos estavam com dois anos.

Ao final da novela, que teve final feliz sem que a personagem voltasse milagrosamente a andar, o então diretor do *Fantástico*, Luiz Nascimento, me ofereceu a oportunidade de fazer parte da equipe de repórteres do programa, onde trabalho desde então.

Voltei à ONU em 2017, dessa vez para contar sobre a minha trajetória na Globo. Sou convidada com frequência para falar para alunos de jornalismo e em eventos sobre representatividade, inclusão e os desafios de carreira para pessoas com deficiência. Mas quem me vê atravessando São Paulo para gravar uma entrevista ou viajando para fazer uma reportagem não imagina a complexidade dos bastidores. O protagonismo e a autonomia que exibo diante das câmeras dependem de uma logística delicada e cheia de etapas. Além de depender de equipamentos especializados como a cadeira de rodas motorizada e transporte acessível, há um serviço que impacta profundamente a minha vida: a assistência pessoal, pois sem o suporte dessa pessoa eu não consigo nem sair da cama. Preciso também de alguém que dirija, me auxilie no embarque e desembarque, me acompanhe em viagens e me aguarde por todo o dia de trabalho. Esse é um recurso de acessibilidade quase invisível, mas determinante para mim.

Depois dos meus filhos, não há nada que encha mais o meu coração de orgulho que encontrar garotas com deficiência que decidiram estudar jornalismo depois de me virem trabalhando na TV. A representatividade abre portas e aponta possibilidades. Isso é transformador, entretanto inclusão presume muito mais. Estar incluído significa pertencer. O pertencimento será o resultado da nossa ocupação dos espaços e representatividade. O pertencimento vai acontecer quando a nossa presença alcançar todas as camadas das estruturas das empresas e dos governos, desde os cargos de entrada até a liderança. A gente deseja o que vê. É muito difícil desejar, sonhar, perseguir um objetivo de algo que não existe, que ninguém nunca fez. Essa foi a barreira mais desafiadora que a minha geração enfrentou: a invisibilidade, a ausência absoluta de referências.

Minha experiência com a deficiência começou no final da adolescência, mas Rebekah também nos conta nas próximas páginas um pouco da sua vivência de criança em um mundo que não foi feito para ela. Esse foi um dos maiores momentos de emoção, reflexão e virada de chave durante a minha leitura, até porque hoje eu também sou mãe e injustiças com crianças acionam o meu instinto de leoa protetora.

O que me acalenta é saber que agora eu sou para muitas meninas com deficiência, assim como é a Rebekah, a referência que nós não tivemos. E isso já vale muito.

Hoje, aos 51 anos, recebo *Poderosa e sobre rodas: Uma perspectiva do meu corpo resiliente, comum e com deficiência* como um abraço na minha versão trinta anos mais jovem e celebro o cumprimento da promessa que fiz a mim mesma quando decidi que esse dia chegaria. Nesta obra disruptiva e potente, Rebekah mostra suas dores, descobertas, alegrias e realizações do jeito mais honesto e sensível que já vi, esclarecendo conceitos a partir das vivências de uma mulher com deficiência que precisou criar o seu lugar no mundo. Muitas vezes eu senti que ela estava falando de mim, e de certa forma estava. Este livro também é sobre todas nós, mulheres com deficiência, contando as nossas histórias, apropriadas das nossas narrativas e protagonizando as nossas vidas de acordo com as nossas escolhas. Isso é poder.

Agradeço por Rebekah Taussig existir e por sua generosidade em se expor com tanta lucidez e beleza. Mal posso esperar pelo seu próximo livro.

Com amor,
Flávia Cintra

# Prefácio

Antes de falarmos de qualquer outra coisa, podemos começar com o encanto? Eu estou totalmente encantada com este momento que estamos vivendo agora – você e eu. Quando eu era mais nova, a deficiência não parecia existir fora das minhas visitas ao hospital e das consultas para reparos na minha cadeira de rodas. Na maior parte do tempo eu me sentia muito esquisita, e não de uma forma legal, como a Daria da MTV. Eu nunca tinha considerado a deficiência como uma identidade que valia a pena entender, muito menos celebrar, e eu tinha certeza de que era a única que via o mundo desse lugar à margem. Mas aqui estamos, com este livrinho entre nós, e estou chocada porque ou (1) você também estava do lado de fora e veio até aqui atrás de histórias que lhe deem a linguagem para essa experiência ou (2) você não estava do lado de fora, mas quer entender como é – e de verdade, qualquer que seja o motivo, o simples fato de você estar aqui muda tudo. Porque isso, bem aqui, você e eu, olhando para essas histórias juntos? Essa é uma das partes mais bonitas de ser humano: o impulso de se conectar e entender, curar e florescer. É a semente que me deixa sem fôlego. O pedaço que quero guardar.

Mas, antes, você precisa saber no que está se metendo. Quem é essa pessoa cuja voz você escolheu ouvir pelos próximos muitos minutos preciosos da sua vida? E por que ela escreveu estas páginas? Ótimas perguntas.

Talvez você me conheça pela minha conta no Instagram, @sitting_pretty. Embora as redes sociais pareçam encontrar formas diárias de nos destruir, elas de fato nos oferecem pelo menos um grande presente: o poder de compartilhar uma história sem ter que passar por aqueles guardiões que historicamente diziam "Fora! Nós não contamos esse tipo de história. Quem iria ouvir?". Quase cinco anos atrás, comecei uma conta no Instagram onde podia compartilhar minimemórias que narrassem a vida em um corpo que é raramente representado, e muito menos representado com nuances. Eu vinha escrevendo ensaios, enviando-os para algum lugar sempre que conseguia suportar a vulnerabilidade disso e torcendo para que algum editor se importasse com essa perspectiva, quando Bertie, que morava comigo, disse para eu levá-los para a internet. Será que alguém iria se importar? Talvez não. Mas eu não tinha nada a perder. Rabisquei várias ideias de arrobas bregas em um guardanapo que tinha vindo com meu café. Brinquei com expressões como "cadeira de rodas", "aleijada" e "com deficiência" até chegar ao feminino, brincalhão e sutilmente subversivo @sitting_pretty[1] – um nome que realça que estou me movendo por aqui e estou muito bem.

Comecei a compartilhar detalhes e recortes dos meus dias – as camadas de ansiedade que carrego quando faço compras no mercado, a onda de vergonha e calor da intimidade nascida da vulnerabilidade de andar com dificuldade na frente de uns poucos escolhidos, a frustração e a reverência que sinto quando vejo minhas pernas magrelas e arranhadas de manhã, ou imersas na banheira – tantas histórias que pareciam totalmente únicas, profundamente pessoais e dolorosa e completamente honestas. Tenho certeza de que meus olhos saltaram como os de um desenho animado quando notei que havia pessoas que queriam ouvir. Algumas diziam "Eu

---

[1]   Em inglês, a expressão "sitting pretty" se traduz literalmente por "bela e sentada", mas significa que alguém está em uma situação muito confortável. (N. T.)

também!". Outras, "Eu não fazia ideia!". De qualquer forma estavam interessadas, e eu, maravilhada.

Foi nesse espaço que encontrei inúmeras pessoas com histórias pelas quais eu ansiava. Nem percebi quão faminta eu estava por essas histórias até que me sentei aos pés de outras pessoas com deficiência e as escutei, colecionando palavras que eu nunca tinha ouvido, palavras que eu não sabia que podia ter. As contas deles aprofundaram meu entendimento da minha própria história e me deram uma nova imagem para reimaginar o que significava ser uma mulher com deficiência. Eu via meu eu mais jovem, inventando danças em minhas roupas chiques. O que teria acontecido se essas histórias houvessem tido um papel nas minhas primeiras percepções? O que mais eu poderia ter sonhado para mim mesma? Expressei esse sentimento angustiado para uma das minhas primeiras e melhores amigas com deficiência nesse espaço do Instagram, Erin Clark (@erinunleashes), e ela logo me lembrou de que nossas vidas não haviam acabado. Estamos aqui agora – para expandir a história, criar sentido por meio da colaboração e começar uma banda #CripplePunk só com garotas de trinta e poucos anos.

Então aqui estou, escrevendo este livro, porque minha vida não acabou, porque as histórias de pessoas com deficiência são com muita frequência distorcidas para caber na história de outra pessoa, com o volume mais alto, porque eu queria ter tido qualquer história na infância – tipo, qualquer uma mesmo – que representasse minhas experiências reais e vividas, porque existe outra geração de pessoas incríveis crescendo com deficiência ou prestes a se tornar pessoas com deficiência, e histórias são *poderosas* pra cacete.

Alguns detalhes para esclarecer antes de darmos qualquer outro passo juntos:

- Este livro não é um manual, do tipo *Como interagir com seu vizinho com deficiência*. Desculpe! Não é a minha praia.

- Eu não sou – de forma alguma – a representante de todas as pessoas com deficiência. Isso não é algo que exista. O fato de eu ter uma deficiência muito visível (acontece que é difícil ignorar uma cadeira de rodas) e o fato de eu ter essa deficiência desde pequena mudam a forma como você e eu experimentamos este meu corpo. Mesmo pessoas que compartilham esses mesmos traços terão sua própria versão do que isso significa para elas, porque a experiência da deficiência é tão variada quanto experiências de parto ou de términos de relacionamentos – existem pelo menos sete bilhões de maneiras diferentes de isso acontecer, e mesmo dentro de uma única pessoa os sentimentos podem se contradizer ou mudar com o tempo. A deficiência se expande para todos os cantos possíveis e se intersecciona com todas as outras identidades. Eu estaria fazendo um grande desserviço a todos nós se levasse você a acreditar que a conversa começa e termina com corpos e experiências iguaizinhos aos meus.

- Este livro não esgota o assunto. Na verdade, eu espero que ele desperte mais conversas e mais escuta de mais vozes. Fico bem mais confortável na posição de contadora de histórias e questionadora do que na de fazedora de regras ou enunciadora de palavras finais.

Então, aqui estamos nós – você e eu e todo esse meu encanto meloso. Eu estou apavorada, ansiosa e um pouco enjoada ao convidar você para entrar tão completamente no meu mundo, mas acho que vale o risco. Então vamos em frente. Vamos afastar as cortinas, lançar um olhar firme, fazer as perguntas impossíveis, quebrar nossos corações, rir disso tudo e nos abrir para um crescimento novo. Acho que estamos prontos.

# PODEROSA

## E SOBRE RODAS

# 1.
## Qual o problema?

Há alguns meses, em uma grande reunião familiar, meu irmão mais velho David me perguntou sobre a minha escrita. Enquanto nos espremíamos em volta da comprida mesa cheia de comida que ocupava a maior parte da sala de estar dos meus pais, servindo-nos de purê de batatas e suflê de milho, ele se virou para mim e perguntou: "Sobre o que você está escrevendo? O que você espera que isso traga para o mundo?". Ele é um perguntador, meu irmão. Às vezes parece uma entrevista de emprego – pense rápido! Não há tempo para deliberar; a próxima pergunta já está vindo! Mas ele também me ofereceu esse convite para ser vista que eu tanto desejo quanto evito, porque me sinto profundamente conectada com a minha família, e também totalmente diferente dela. Eu queria mostrar a verdade completa sobre mim para que ele testemunhasse. Também fiquei tensa enquanto me preparava para ser mal compreendida com benevolência.

Sou a mais nova de seis filhos, cada um de nós nascido uns dois anos depois do outro. (Isso mesmo! Com exceção da sua garota aqui, minha família produz prole em abundância.) Logo antes de eu nascer, meus pais se mudaram de seu condomínio de baixa renda – um apartamento de três quartos que estava lotado com eles, seus cinco filhos e vários coelhos – para uma casa alta, do início do século XX, pintada de uma cor que minha mãe gosta de chamar de "amarelo diarreia de bebê". Naquele tempo, os Taussig existiam em uma dimensão própria. Nunca trancavam a porta da frente, e as crianças da vizinhança entravam e saíam como se a casa fosse uma extensão da deles. Não acreditavam em cintos de segurança ou em lavar as mãos antes do jantar. Afinal, se Deus quisesse que você morresse em um acidente de carro, nenhum cintinho de segurança faria diferença, e ser exposto a germes o deixava mais forte. Eles saíam por aí entregando cestas artesanais de flores e balas para todos os vizinhos no 1º de maio, erguiam as mãos (não lavadas) em prece antes do jantar e brincavam do lado de fora sem sapatos. O câncer com que fui diagnosticada com 14 meses de idade; os tratamentos violentos de quimioterapia, radioterapia e cirurgia; e minha eventual paralisia aos 3 anos de idade não mudaram nada disso. Para o bem ou para o mal, crescer na família Taussig significava não se lamentar, não ter tempo para o luto e definitivamente não choramingar.

Quando fiquei paralisada, a casa amarela diarreia de bebê não passou por nenhuma adequação. Meus pais não instalaram rampas ou corrimãos e se passaram muitos anos até que eu ganhasse minha primeira cadeira de rodas. Continuei a dormir na parte de cima do beliche do andar de cima da casa. Aprendi a puxar meu corpo pela lateral do beliche, meus pés como meros acessórios enquanto eu usava meus braços para me erguer cada vez mais alto até rolar para o colchão de cima. Eu engatinhava pela grama irregular e as calçadas de cimento rachado até a casa da vizinha e, quando ela não estava em casa, sentava-me na lama e fazia tigelinhas e xicrinhas com a argila. Comecei a aprender como usar um cateter para esvaziar minha bexiga antes de aprender subtração.

Meus três irmãos e duas irmãs viveram isso comigo, dormindo na beliche de baixo ou ao lado, apertando minha mão e fechando os olhos na prece noturna na mesa de jantar, nós oito empilhados no Ford LTD 1976 para cinco pessoas que chamávamos de Hazel, fazendo poções mágicas de lama no quintal. Passávamos nossos dias subindo uns nos outros como cachorrinhos em uma caixa – lado a lado, lutando até cair, cotovelos contra costelas. Não nos ocorria conversar sobre as minhas diferenças (a menos que fosse para pregar peças em estranhos no Walmart quando eu era deixada com minha cadeira de rodas virada no chão, chorando e esperando que algum estranho corresse para me ajudar, o que definitivamente fazíamos. Embora, em retrospecto, eu não saiba por que achávamos isso tão engraçado). Só muito mais tarde fui perceber quão pouco sabíamos sobre nós mesmos e menos ainda sobre os outros. Tão próximos quanto bolhas em um copo de refrigerante e tão distantes quanto Plutão está da Terra.

Durante esse período de me arrastar na lama e escalar até a parte de cima do beliche, eu acreditava que eu era magnificamente bonita, valiosa e plenamente capaz de contribuir com o grupo. Isso não é interessante? Sentir-me incrível nesses dias de lama, tropeços e de me arrastar pelo chão? Eu coreografava minhas próprias danças apaixonadas e estranhas, usava vestidos chiques cheios de babados pela cidade e fingia ser casada com um príncipe. Eu me sentia talentosa e sonhava alto. Flutuava na minha própria bolha, um universo no qual tudo brilhava e reluzia e onde eu usava uma coroa cheia de joias. Acreditava que tudo que eu fazia – a forma como eu movia meu corpo, minha aparência, os caminhos tortuosos que eu tomava – estava certo. Eu tinha descoberto como fazer todas as coisas que eu queria e não enxergava meus métodos como estranhos ou tristes.

Eu sabia que crianças que eu não conhecia me encaravam, que os adultos dirigiam sorrisos enormes e compadecidos a mim, que eu causava lágrimas e aplausos, mas ainda não tinha entendido que eu não me encaixava. O fato de que eu não podia andar como as crianças da minha classe, de que eu usava órteses na perna que eram uma pilha desajeitada de plástico, metal e velcro, de que eu precisava de um andador surrado de alumínio e corria por aí em minha cadeira de rodas rosa-choque não pareciam fatores dignos de nota em minha avaliação de mim mesma.

Pelo menos não de início. Não demorou muito para eu começar a acreditar em coisas diferentes a respeito de mim. Depois de apenas alguns anos no mundo – indo para a escola, brincando no parque e na piscina, acompanhando meu pai quando ele fazia compras no sábado de manhã –, uma narrativa começou a se formar diante de mim – uma imagem embaçada que ganhou foco com o tempo. Primeiro, comecei a me ver como um fardo para as pessoas ao meu redor. Diferente de todas as outras crianças, estar comigo exigia rotas alternativas e resolução de problemas. Eu via isso em toda parte. Passar tempo comigo significava ter opções limitadas no parquinho, colaborar com músculos paternos para me levar até a casa de uma amiga, aguentar idas ao banheiro muito longas e ajudar a carregar minha bandeja de almoço. Eu calculava que, para as pessoas, passar tempo comigo custava algo a mais, e queria poupá-las desse preço alto. A partir de mais ou menos 8 anos, comecei a cortar amigos da minha vida assim que eu sentia que minha presença causava qualquer tensão extra.

Logo comecei a acreditar que era feia. Meu corpo era tão diferente dos corpos que tínhamos sido ensinados a admirar (incluindo meu longo nariz Taussig; quer dizer, eu poderia ter criado uma máquina do tempo com todas as horas que passei angustiada com essa coisa). Não havia nenhuma menina ou mulher paralisada nas histórias que eram contadas nas telas, nas propagandas ou nas páginas de revista. Eu consumia e digeria a cultura à minha volta e aprendia lentamente, com a certeza de que não estava entre aquelas que seriam necessárias, admiradas, queridas, amadas, que namorariam ou se casariam. Não muito depois, comecei a me ver como fraca e indefesa também. Exceto por recepcionistas do Walmart, que, de acordo com meu cérebro infantil, não pareciam *fazer* nada, eu não via nem conhecia pessoas com deficiência que tivessem trabalho. Não conseguia me ver me sustentando com um emprego "de verdade" ou sendo capaz de pagar minhas próprias contas.

A maior parte do que eu via da vida parecia poderoso e intrinsecamente inacessível para mim – como eu poderia entrar nesses espaços e, ainda mais, contribuir com eles? Minha bolha brilhante e reluzente tinha murchado em uma poça que evaporava na calçada. Esse não era meu universo de maneira alguma. Eu descobri não apenas que não era a princesa, mas que era uma intrusa que não tinha sido convidada, um problema que deveria ser tirado de vista.

Essa história atordoante se erguia atrás de mim enquanto eu tentava responder às perguntas de David, que ainda flutuavam entre nós: "Sobre o que você está escrevendo?", "O que você espera que isso traga para o mundo?". Meu cérebro congelou enquanto minha boca começou a balbuciar, tentando sintetizar, condensar e alisar as arestas de algum tipo de resposta que eu pudesse dar a ele. *Bem, eu escrevo sobre deficiência e a falta de representatividade e o impacto da Falta (ou ausência) de acessibilidade e do estigma e do desemprego e... e... e.* Eu era como uma mulher tentando fazer espaguete no escuro, destruindo a cozinha enquanto pegava qualquer ingrediente no armário que pudesse ser aquele de que eu precisava. No meio do meu passeio verbal, eu inevitavelmente cheguei à palavra "vergonha" – a caixa na qual eu tinha vivido por tanto tempo, a caixa para a qual me vejo voltando com menos provocação do que gostaria de admitir. Essa é a vergonha que se gruda tão facilmente a um corpo que não se encaixa, a vergonha que nasce, floresce e o consome quando você acredita que sua existência é um fardo, uma ferida na máquina bem azeitada da sociedade.

Tentei explicar a David o quanto quero que minha escrita encontre as pessoas nessa vergonha, erga o véu e aponte para a fonte, que ela lembre às pessoas de que corpos com deficiência não são O Problema aqui, que erga uma bandeira que diga: "Você não está só!". Ele interrompeu. "Vergonha? Você sentia vergonha? Como? Quando? Por que você sentiria isso?" Ele parecia perturbado e confuso com essa palavra, o que me pegou de surpresa. Trabalhei tanto para entender meu relacionamento íntimo com a vergonha. E meu próprio irmão, que cresceu ao meu lado – a uma cama de distância, no banco de trás do carro, do outro lado da mesa –, nem sabia disso. Ele parecia completamente não consciente de que, conforme crescíamos, eu tinha passado a ver meu corpo como um problema gritante, um peso no mundo, um protótipo com defeito. Como ele podia não saber?

Quando realmente penso nisso, imagino que a maior parte das pessoas que observa minha vida ficaria surpresa ao saber do meu longo relacionamento com a vergonha. Ninguém nunca me perseguiu nem abusou, nem tirou sarro de mim diretamente. Esse não era o caso de muitas crianças da minha época – e ainda não é o caso para muitas crianças, com deficiência ou não, que são marginalizadas por uma série de motivos. Sei que fui poupada de muita coisa, em grande parte porque eu era uma menina branca de classe média bonitinha, magra e articulada. Também era um tempo em que todo mundo aprendia que você *deveria* ser gentil com a criança com deficiência. Apenas os piores valentões em programas de televisão ousariam ser tão cruéis a ponto de tirar sarro da criança "deficiente". O protagonista sem deficiência ficaria indignado se isso acontecesse. Faria um discurso inflamado e questionaria o vilão que tivesse cruzado a linha de forma tão grotesca. Nunca ouvi uma pessoa me descrever como um "fardo" ou "feia" ou "fraca" ou mesmo "chata". (Bem, talvez uma vez. Mas *uma vez*? Isso é mesmo suficiente para sequestrar todo o senso de si de alguém?) Na verdade, as pessoas frequentemente usavam palavras positivas para me descrever, como "alegre", "brilhante" e "inspiradora". Para todos os efeitos, eu deveria ter tido uma autoestima robusta. Meu irmão David tinha certeza de que eu tinha. Então, onde colocamos a culpa quando nossos vilões favoritos, a Crueldade Aberta e a Intenção Maliciosa, não estão em cena? Como começamos a entender o que aconteceu?

Uma resposta curta é *capacitismo*.

Não usei essa palavra na conversa com David. Mais tarde, eu me perguntei por quê. É eficiente e comunica muita coisa. É a palavra perfeita para responder à pergunta em questão. Por que a hesitação? Acredito que fico cautelosa ao usar essa palavra com qualquer um que ainda não esteja intimamente familiarizado com sua textura. Sem saber como é viver dentro dela – a superfície escorregadia, os cortes fundos e os hematomas que ela deixa –, "capacitismo" pode parecer só mais um "ismo" em uma longa lista que as pessoas já estão cansadas de acompanhar. Como professora de ensino médio, vejo os olhos dos meus alunos desfocarem ou deslizarem para a janela sempre que o tópico surge. A palavra parece afastar a curiosidade – ela soa familiar o suficiente para que acreditemos já compreendê-la bem.

Parece um risco confiar na palavra "capacitismo", mas quero usá-la aqui porque espero construir algo com você – algo grande e intrincado –, e para fazer isso nós precisamos de alguns tijolos – uma linguagem grande o suficiente para conter histórias, permitir exploração intelectual e acompanhar padrões.

Minha definição de capacitismo é um pouco diferente da que está no *Oxford English Dictionary*, que diz simplesmente "discriminação em favor de pessoas capazes".[1] Com base em minhas décadas

---

1    No original, *able-bodied*. (N.E.)

de experiência e muita leitura de estudos acadêmicos sobre deficiências, acho essa definição insuficiente. Primeiro, ela é construída presumindo-se que *exista* uma categoria distinta de pessoas "capazes". Embora uma linguagem que crie categorias distintas possa ser útil (você às vezes vai me ver usando o termo "sem deficiência" para ilustrar padrões maiores), apoiar-se demais nessa definição em preto e branco de "capaz" pode ser perigosamente enganador. Ela passa fácil demais por cima da ambiguidade inerente a se ter um corpo. "Capaz" remete à imagem de meninos fazendeiros de bochechas rosadas levando tijolos escada acima. Quem são essas pessoas? E, de verdade, quantos de nós cabem claramente nessa categoria? A definição legal de deficiência incluída na Lei dos Americanos com Deficiência de 1990 realça o fato de que deficiência é uma palavra ampla que pode se referir a todo tipo de corpo, muitos dos quais parecem perfeitamente "capazes" ou são excepcionalmente capazes em uma área, mas não tanto em outra. Na verdade, nosso menino fazendeiro de bochechas rosadas pode ter convulsões algumas vezes por ano, ou transtorno bipolar, ou estar em algum ponto do espectro autista. As imagens que vêm à mente quando usamos uma palavra como "capaz" são unidimensionais demais para serem muito úteis.

A definição do *Oxford English Dictionary* também deixa pouco espaço para uma peça vital da história: a deficiência é moldada tanto pelo contexto (se não mais) quanto pelo corpo. Por exemplo, antes que óculos fossem inventados, nossa população incluía um número muito maior de pessoas categorizadas como cegas. A tecnologia mudou a experiência de tantos corpos, conforme óculos se tornaram integrados à nossa indústria da moda, que o estigma em torno da visão que se desviava do "ideal" mudou. (Na verdade, eu já tive um bom número de óculos falsos na vida. É uma coisa real.) Não costumamos associar uma pessoa que usa óculos a "deficiência", ainda que essa mesma pessoa fosse considerada alguém com deficiência em outro tempo e lugar.

E, por fim, as pessoas frequentemente entram e saem de um estado de "deficiência"; elas quebram uma perna ou um braço, pegam uma gripe, têm cólicas menstruais terríveis, ficam grávidas ou (nossa!) envelhecem, e subitamente se veem experimentando limitações. Se vivermos tempo suficiente, todos nós, sem exceção, teremos alguma deficiência. Esse é o pré-requisito para se possuir, viver em, ser um corpo. A ideia de que alguns de nós estão firmemente encaixados na categoria de "capazes" é uma ficção. Um mundo construído sobre velocidade, produtividade, mais, mais, mais! e banheiros (e pausas para ir ao banheiro) de menos, não considera ou se importa com os corpos reais nos quais vivemos. Em outras palavras, o capacitismo afeta todos nós, quer nos consideremos com deficiência ou não. Porque o corpo com deficiência é afetado de forma mais potente pelo capacitismo, ele é o primeiro a iluminar a estrutura, resistir a ela e protestar contra ela, pedir sua execução pública, mas nós todos vivemos sob sua ditadura. O capacitismo pune todos nós.

Em sua forma mais resumida, comprimida e simplificada, *capacitismo é o processo de favorecimento, fetichização e construção do mundo em torno de um corpo majoritariamente imaginado e idealizado e a concomitante discriminação contra todos os corpos que aparentemente se movem, enxergam, ouvem, processam, operam ou têm aparência ou necessidades diferentes desse ideal.* Com frequência, quanto maior o desvio, maior a discriminação. Em outras palavras, o capacitismo é uma resposta possível para uma menina que se vê como uma princesa valiosa em uma semana e que murcha por vergonha e ódio de si mesma na seguinte. (Obrigada por tudo, *Oxford English Dictionary*, mas a minha definição é melhor.)

Sem usar a palavra "capacitismo", tentei comunicar parte disso a David. Ele assentia enquanto eu falava, mas eu ainda conseguia sentir o abismo entre o que eu sei no meu sangue e nos meus ossos e o que consigo passar para ele. É como se tivéssemos crescido bem ao lado do estrondo das cataratas do Niágara, mas em certo ponto eu tivesse me mudado para uma cabana nos bosques silenciosos e agora tivesse voltado para casa, gritando por cima do barulho, tentando explicar o quão ensurdecedor ele é, mas David mal conseguisse ouvir a mim ou às cataratas. Que palavras eu poderia reunir para que David sentisse o ruído que nos cerca?

O capacitismo ressoa ao fundo de cada conversa, cada história, cada construção. É a atmosfera que respiramos, um corpo de princípios, as regras pelas quais vivemos. Aprendemos suas diretrizes como aprendemos sobre bem e mal: com reforços sutis e consistentes. Não apenas evitamos questioná-las, sequer nos ocorre que exista *algo* para questionar. Na esteira do capacitismo estão afirmações como: alguns corpos/mentes/modos são preferíveis sempre e inerentemente a outros. Ouvir/falar é sempre melhor do que surdez/língua de sinais. Bípedes que caminham são definitivamente preferíveis a paraplégicos em cadeiras de rodas. Cada um de nós tem um corpo "inteiro", "imaculado" e "perfeito" que deveria possuir; a versão paralisada, autista ou surda é apenas uma versão mais triste e menor dessa intenção original. (Essa diretriz se enrosca em narrativas de corpos gordos, velhos ou não binários também, é claro.) O valor de um corpo é medido por sua capacidade para o trabalho e/ou a longevidade de vida que ele é capaz de sustentar. Corpos são produtos; cicatrizes, fraturas e mudanças na função tornam o produto menos valioso. A dependência é inferior à independência. Apenas alguns corpos precisam de ajuda – e esses corpos são um fardo. Só é prático moldar o mundo com a "maioria" em mente (e existe, de fato, uma maioria). A deficiência é sempre apenas um déficit. O mundo seria um lugar melhor se conseguíssemos descobrir uma forma de eliminá-la por completo. E por aí vai...

Se você se pegou concordando com qualquer uma dessas crenças capacitistas, isso faz sentido. Elas têm sido parte de nossa dieta cotidiana desde a infância. Elas nos deixaram morrendo de medo de envelhecer, das rugas, de gordura abdominal, manchas da idade, pele flácida e estrias. Transformaram-nos em máquinas que abusam regularmente de nossos corpos para demonstrar nosso valor – durma menos e trabalhe mais, sempre! Deixaram-nos com vergonha de pedir ajuda, tomar remédios ou usar auxiliares de mobilidade. Elas sufocam nossa capacidade de imaginar outras formas de estar no mundo. Para estar bem, devemos sempre buscar ser o humano ideal: jovem, liso, firme, em forma, radiante, ágil, sem limites, imparável, independente. Porque, se começarmos a sair desse pequeno molde, o que isso vai significar? Quem seremos?

É preciso trabalho duro e com intenção para desfazer essas ideologias. Elas são altas, insistentes, e são reforçadas o tempo todo. Na verdade, o conceito de capacitismo está tão profundamente entrelaçado à nossa cultura – e por extensão à minha própria autopercepção – que às vezes acho difícil nomeá-lo. Posso me curvar à sua insistência tanto quanto qualquer um. Ontem mesmo reclamei para minha colega de trabalho sobre meu rosto que está envelhecendo. "Nem quero me olhar no espelho!", eu disse, cobrindo meu rosto com as mãos e fazendo um encantador som de *bleh*. É, eu *não* sou a imagem da iluminação pós-capacitismo que você está procurando.

Destacar os elementos que formam uma atmosfera de capacitismo pode parecer distante e abstrato, como conhecer os elementos que formam o oxigênio em vez de saber como é respirar. Como eu posso guiar você pelas inspirações e expirações? Pela sensação quando não são apenas uma fórmula em um livro didático, mas uma experiência que molda seu cotidiano?

O capacitismo me constringe sempre que procuro casas acessíveis por um bom preço em Kansas City (só há mesmo três?) ou tento navegar o mundo confuso do Medicaid[2] em uma tentativa de continuar vivendo. Sinto o capacitismo cansando meu corpo com a rigidez de sistemas de trabalho inflexíveis que não abrem espaço para corpos com dor, nem os entendem, nem se importam ou acreditam neles. Sinto o confinamento do capacitismo sempre que dou os três passos do assento do motorista até a bomba de combustível e esqueço de me concentrar para que esses três passos pareçam o mais normais e firmes possível, mesmo que seja muito mais fácil para mim arrastar meus pés e balançar meus quadris por essa mesma distância.[3] O capacitismo recomenda que eu sinta dor e gaste energia extra para garantir que os estranhos saindo da loja de conveniência com um refrigerante não me encarem, tenham pena de mim ou caçoem da forma como movo meu corpo.

Eu gostaria que David sentisse isso comigo. Como eu transfiro uma vida de memórias, um dicionário de definições, um planeta de sensações? Quantas vezes ele precisaria ver pessoas desviarem o olhar, puxarem suas crianças para trás, dobrarem-se em duas para sair do meu caminho ou correrem freneticamente para abrir uma porta antes que eu tente abri-la, para que ele sentisse o que é estar ao mesmo tempo invisível e em destaque? Em que ponto os olhares começariam a fazê-lo se sentir incerto? Como posso levá-lo comigo para cada supermercado em que metade dos itens está acima da minha cabeça, para cada calçada que é uma corrida de obstáculos,

2    Cf. nota do capítulo 5, p. 137.
3    Nos EUA é comum o sistema de autoatendimento, em que o próprio cliente realiza o abastecimento de seu carro. (N. E.)

para cada labirinto entre mim e a rampa no fundo do prédio, ao lado da caçamba de lixo, para cada bar e banco e café com balcões tão altos que me apagam do ambiente, para cada restaurante e avião no qual o banheiro é completamente inacessível para mim? Será que essas excursões iluminariam o motivo por que eu comecei a acreditar que não pertencia, não era bem-vinda, não tinha um convite para estar ali? Resolveriam o enigma de uma garota inteligente e competente que estava convencida de que jamais poderia fazer parte de qualquer mercado de trabalho existente neste planeta? Que hora ele poderia viver comigo que lhe daria uma ideia do poder que seguros de saúde têm sobre a minha vida?

Eu faço essas perguntas não só pelo David ou porque quero me entender, mas porque sei que não sou a única que foi relegada ao lado de fora, mandada para as cadeiras designadas para Outros. Muitos de nós cresceram (e continuam a existir) sob sistemas esmagadores – racismo, sexismo, etarismo, classicismo, homofobia, gordofobia. Essas estruturas são como fábricas que produzem plantas, desenhos, infraestruturas, ferramentas e histórias que moldam nosso mundo. Elas vêm funcionando há tanto tempo, moldando nossa história cultural e nossa paisagem atual, que muitos de nós sequer notam as colunas de fumaça que saem de suas chaminés industriais. Elas são alimentadas pelo valor e pelo poder roubados de comunidades inteiras. Distorcem nossa noção de nós mesmos, nos mantêm em silêncio e nos fazem sentir ao mesmo tempo pequenos e como um enorme problema, simultaneamente invisíveis e em exposição, tanto um espetáculo quanto varridos para debaixo do tapete.

Esse ato de roubo pode ser alto e violento ou silencioso e furtivo. Existem formas de esses sistemas opressivos se sobreporem, alimentarem um ao outro, refletirem um no outro, e também existem formas de eles permanecerem distintos de forma única. Como mulher branca, cisgênero, heterossexual e que cresceu em uma família de classe média, não vou fingir que entendo a maior parte dessas estruturas intimamente. Mesmo em meu corpo com deficiência, carrego um mundo de privilégios. De onde estou sentada e pelo que posso ver, no entanto, a vergonha parece ser um produto de sucesso oferecido por esses sistemas esmagadores.

Então como abrimos os olhos de alguém que já está do lado de dentro para o que está acontecendo do lado de fora? Podemos traçar as ondas bem o suficiente para nomear padrões maiores? Por mais que números sejam chatos, às vezes eles captam a dimensão do problema de uma forma que uma série de observações não consegue. Por isso aqui vão alguns dados dos Estados Unidos, recolhidos pela Cornell University em 2017: no momento do estudo, uma pessoa tinha bem mais de duas vezes a chance de viver abaixo da linha da pobreza se ela tivesse uma deficiência. A renda média anual de uma pessoa com deficiência era 25.400 dólares a menos que a de uma pessoa sem deficiência. Cerca de 80% das pessoas sem deficiência estavam empregadas, em comparação com 36% das pessoas com deficiência. Poderíamos tirar várias conclusões desses números, mas uma coisa está clara: há uma disparidade fundamental e assustadora entre as oportunidades que são dadas a pessoas com e sem deficiência.

Mas, de novo, os números só dão conta de uma parte da situação. O capacitismo pode ser difícil de reconhecer ou apontar porque ele muda. Ele vive em histórias distintas e pessoais. Assume 10 mil rostos mutantes e, no mundo em que vivemos hoje, é normalmente mais sutil que a crueldade aberta. Alguns exemplos para começar a desenhar a situação: presumir que todas as pessoas surdas prefeririam ouvir; a crença de que andar até o altar em um casamento é obviamente preferível a chegar ao altar em uma cadeira de rodas; a convicção de que ouvir um audiolivro é automaticamente inferior à experiência de ler um livro com os olhos; a expectativa de que uma pessoa sem deficiência que escolhe um parceiro com deficiência seja necessariamente corajosa, forte e especialmente boa; a crença de que alguém que recebe um auxílio governamental contribui menos para a sociedade do que trabalhadores em tempo integral; o filme que mostra uma pessoa com deficiência cuja maior batalha é seu próprio corpo e que, ao final, ensina ao protagonista sem deficiência (e ao público) como valorizar sua linda vida. Todos esses são aspectos da mesma estrutura opressora. O capacitismo separa, isola, presume. Falta a ele imaginação, criatividade e curiosidade. É movido pelo medo. Oprime. Todos nós.

Quando eu era pequena e estava aprendendo a como viver no meu corpo, eu não hesitava, não me segurava, não me preocupava em como pareceria, não buscava deixas nem pedia orientação. Minha imaginação reinava. Eu não via nenhuma incongruência em ser tanto um filhote rolando na lama quanto uma princesa elegante. Usava vestidos chiques em passeios vespertinos à biblioteca e desenhava diamantes com canetinha roxa em meus braços e tornozelos. Não me perguntava o que dançar podia ou devia ser; movia meu corpo no ritmo da música e chamava isso de dançar. Usava as prateleiras e os armários da cozinha para subir no balcão e me arrastava de cabeça pelas escadas de madeira em alta velocidade. Zanzava pela vizinhança em um triciclo vermelho com bandeirinhas no guidão. Eu era totalmente livre para *ser*, movida pela inovação que meu corpo inspirava. Essa é a emancipação selvagem que desejo para todos nós – um mundo em que todos sejamos livres para ser, para nos mover, para existir em nossos corpos sem vergonha; um mundo que não esteja interessado em fazer todos os seus humanos operarem exatamente da mesma maneira; um mundo que, em vez disso, busque convidar mais, incluir mais, imaginar mais. Esse mundo vê humanos existindo às margens e diz: *Você tem o que queremos! Que barreiras podemos remover para que você se aproxime? De que você precisa? Como podemos fazer isso acontecer?*

"Quando você cresce em um mundo que não te vê, não te recebe bem, não te inclui e não te representa, você acredita que o mundo não é para você", eu disse a David por fim. "É para todas as outras pessoas." As que são vistas, bem recebidas, incluídas, representadas. É por isso que quero desenterrar as histórias, trazê-las à luz, deixá--las respirar ao ar livre. Porque nossas histórias importam. Não apenas somos parte disso, mas somos uma peça vital que está faltando.

Obrigada por perguntar, David – e qualquer um que esteja lendo este livro. Mais ainda, obrigada por fazer o seu melhor para escutar, mesmo quando minhas palavras parecem estranhas ou desconfortáveis. Um brinde a construir novos caminhos narrativos em nossos cérebros, nossos espaços, nossas histórias. Um brinde a desconstruir o capacitismo, construir uma fogueira com as suas partes e tostar uns marshmallows nas chamas.

# 2.
# Uma história de amor comum e inimaginável

Eu me perdi em uma *thread* do Reddit recentemente. Normal. A conversa começava com a pergunta de uma mulher para os homens da comunidade: *Você namoraria uma mulher em uma cadeira de rodas?* Ela se perguntava isso porque, depois de dezoito anos usando uma cadeira de rodas, nunca havia estado em um relacionamento romântico ou ido a um encontro. Ela então ofereceu suas credenciais sólidas: bom senso de humor, rápida e inteligente, "nada feia". Apesar de uma personalidade tão cativante, ela suspeitava de que seu status romântico fosse um resultado direto da sua deficiência. Ela queria a opinião dos entendidos: *Como eu deixo os caras mais confortáveis comigo? Como posso ser vista como uma pessoa normal?*

A pergunta dessa mulher gerou 415 comentários. Como você pode imaginar, a conversa que seguiu era uma arca do tesouro. Incluía uma coleção de péssimas piadas com cadeiras de rodas (se um cara não estiver interessado, basta atropelá-lo com a cadeira!), capacitismo aberto ou velado (presumimos que pessoas com deficiência não têm sexualidade até que nos digam o contrário, então se você quer se conectar com um cara, vai precisar aprender a contar piadas sujas, para que nós saibamos que você é um ser sexual), muitas, muitas, muitas perguntas sobre sexo (não, mas SÉRIO, você pode transar?), simplificações generalizantes (eu não vejo deficiência!) e algumas tentativas honestas de examinar uma aversão instintiva a namorar alguém em uma cadeira de rodas. As ansiedades mais comuns, no entanto, eram claras: *Eu terei que me tornar um cuidador?*

e *MAS. E. O. SEXO?* Algumas das minhas preocupações favoritas: eu me preocupo que ela vá me fazer sentir culpado quando eu for fazer uma trilha; não acho que conseguiria namorar uma mulher numa cadeira de rodas por causa de todo o planejamento extra que seria necessário para ir ao cinema; não daria certo, porque eu tenho uma escada em espiral em casa; dei em cima de uma garota numa cadeira de rodas em um bar uma vez e ela foi maldosa comigo, então...

No meio dessa conversa dominada por homens, a mulher solteira que começou tudo opinava. Tenho certeza de que ela respondeu a todos os comentários dessa *thread*, e toda vez, não importava quão ignorante, rude ou sem sentido ele fosse, ela escrevia uma resposta cuidadosa, encantadora e diplomática. Ela mandava um LOL para as piadas clichês, acalmava a culpa deles quando confessavam seus impulsos mais superficiais, afirmava suas aversões instintivas como normais e compreensíveis. Ela se apresentava como alguém de mente infinitamente aberta, disposta a ouvir, ansiosa para testar as recomendações. Permanecia flexível, confiante e brincalhona. Eu quase conseguia ouvir a voz dela – leve e calorosa, deixando todo mundo na sala à vontade.

A parte mais assustadora para mim era quanto eu ouvia a minha própria voz nas palavras dela. A familiaridade de priorizar o conforto de todas as outras pessoas em vez do meu me tirou o ar.

Através do charme incansável e acolhedor dela eu comecei a ver: somos atrações de circo, pedalando em cordas bambas, fazendo malabarismo com laranjas enquanto cantamos ópera, e fazemos isso parecer natural, fácil. A tarefa impossível e sem fim de deixar as outras pessoas confortáveis com nossas deficiências – ou de ajudá-las a nos verem como humanos sem que se sintam ameaçadas ou envergonhadas – é assustadoramente familiar. Os passos elaborados de dança que são necessários para ser aceita pela gangue, para

receber um convite para a festa, para ser escolhida para o grupo...
a mulher na *thread* do Reddit era uma mestre absoluta. Os super-
poderes sociais que ela demonstrava nessa conversa me lembraram
de muitas pessoas com deficiência que conheço.

Espera-se que pessoas com deficiência aguentem seu próprio
ostracismo social, lidem com ser mal compreendidas e mal inter-
pretadas, e ao mesmo tempo que deixem confortáveis aqueles que
causam o ostracismo. Para podermos ser vistos como igualmente
humanos, precisamos encontrar uma forma de sermos vistos nas
franjas por aqueles que estão firmemente do lado de dentro, precisamos deixar aqueles que nos ignorariam e apagariam ou inter-
pretariam mal se sentirem confortáveis, aconchegados e entretidos
enquanto tentamos desafiar com delicadeza seus preconceitos.

Essa dinâmica só é fortalecida quando se trata de namoro. A tarefa de se conectar com outra pessoa tem camadas de profundidade
para qualquer ser humano. Mas e quando você acrescenta deficiência à mistura? Como eu te convenço de que sou humana assim como
você? Mas também como faço você se sentir confortável com as formas em que sou diferente? Como mostro a você, enquanto mantenho uma classe inabalável, que *sou* um ser sexual? Como controlo
minha própria ansiedade e ao mesmo tempo gerencio a sua? Como
torno sua ignorância uma piada que educa, entretém e não faz você
se sentir ameaçado? Enquanto isso, para muitas pessoas com deficiência, não poderia haver mais coisas em jogo. Para muitos, esse
é o campo de batalha que está entre o momento atual e encontrar
amor, companheirismo, família, a vida que eles querem.

Alguns comentários genuinamente interessantes estavam
espalhados pela *thread* do Reedit. Fiquei impressionada com o
homem que teve a clareza de reconhecer que todos nós envelhe-
cemos eventualmente e que todos nos tornamos dependentes se

vivermos o suficiente. Havia também o homem que não parecia intimidado pelas possíveis limitações que acompanhariam o sexo com uma pessoa paralisada. Em vez disso, ele via o parâmetro inexplorado como uma oportunidade de diversão. Imaginava-se pensando em posições criativas, chegando em casa excitado e pronto para rearranjar os travesseiros.

Esses homens eram a exceção. A impressão esmagadora que tive ao descer a página foi de uma tremenda falta de imaginação, uma relutância em se desviar de um tipo de caminho padrão e tentar algo diferente. Era se como se eles realmente acreditassem que sabiam no que estariam se metendo com uma parceira que percebiam como sem deficiência. De alguma forma, um corpo que parecia mais familiar significava que o sexo sempre seria como esperado, que eles nunca se veriam como cuidadores, que os encontros seriam fáceis de planejar e que eles sempre teriam os mesmos hobbies. Eles tinham uma imagem de amor, romance, relacionamento ou parceria já fixa na mente. Qualquer coisa fora dessa idealização traria ansiedade, cautela, dúvidas. Mas de onde veio essa imagem? E por que estamos tão presos a ela?

Antes de quase qualquer outra coisa – antes que eu soubesse ler, antes que eu descobrisse como fazer minha própria xícara de chocolate quente com achocolatado em pó, antes de ter minha primeira melhor amiga –, eu sabia de duas coisas: que ser amada por um garoto era essencial e que o amor era conquistado através da beleza. Escondida em nosso porão úmido, assisti a horas e horas dos episódios de *As the World Turns* que minha avó tinha gravado e aprendi tudo a respeito da mecânica do romance. Congelada no sofá esfarrapado de veludo vinho, meus pés balançando e os joelhos arranhados de me arrastar pelo chão de madeira da casa e por toda a vizinhança, eu via homens desejarem os corpos suaves e brilhantes das mulheres. As mulheres controlavam os homens tentando-os com blusas que se abriam facilmente. Tramas inteiras giravam em torno do tipo de desejo capturado em maxilares tensos e respiração pesada. Eu me esquecia de piscar enquanto esses corpos se contorciam de desejo. Eu arquivava tudo, deduzindo o que imaginava que fossem as regras para todos.

Eu via o mesmo tema por toda parte. Homens musculosos observando mulheres quase nuas mergulharem no mar, ou mulheres parando o trânsito com suas pernas longas e magras que caminhavam sobre saltos perigosamente altos (propagandas de perfume, creme de barbear ou hambúrgueres, óbvio). Tantas telas mostrando corpos femininos enquanto meninos e homens babavam e olhavam. Em *Se brincar o bicho morde*, Squints é transformado pela visão de Wendy Peffercorn passando óleo de bronzear sentada em sua cadeira de salva-vidas, enquanto Chandler e Joey, de *Friends*, planejavam seus dias em torno de observar mulheres de maiô vermelho correndo na praia em *SOS Malibu*. Havia algumas variações desse tema, como quando o menino monstro se apaixona pela garota humana, ou o garoto humano baba pela menina peixe cantando em uma pedra com seu cabelo ruivo voluptuoso soprado pelo vento; mas, independentemente disso, o começo e o fim da história giravam em torno de uma garota sendo desejada.

Mas nem tudo eram tramas baratas e propagandas confusas. Parte da minha convicção na importância de ser amada por um garoto com certeza foi reforçada pelo poderoso centro do meu próprio universo – meus pais. O amor deles um pelo outro, em especial a devoção do meu pai pela minha mãe, parecia mais firme do que o caminho do Sol pelo céu. Toda tarde, às 18h17, ele chegava em casa do trabalho no banco, vestindo seu terno preto e uma gravata, e ia direto até minha mãe. Ela estava na cozinha fazendo jantar e usando um avental de verdade. Ela parava de mexer o que quer que fosse e ele a envolvia nos braços por pelo menos um minuto. Ele esfregava as orelhas geladas no rosto dela e ela dava uma bronca nele e os dois sorriam. Sinto que estou escrevendo uma sitcom familiar muito chata nesse momento, mas essa imagem era o pano de fundo dos meus dias – meu pai de terno abraçando minha mãe linda, esguia, loira e com uma espátula nas mãos.

Meninos apaixonados por meninas era a trama de qualquer brincadeira de faz de conta que eu inventasse: bonecas de papel, Barbies, casas de boneca e, claro, quando eu "brincava de casinha". Eu representava cenas e mais cenas de trágicos acidentes de carro que acabavam com um médico se apaixonando por sua paciente ferida (a paciente era sempre "dele"), ou uma família de irmãs órfãs que insistiam para que a irmã mais velha e seu namorado se tornassem pais muito jovens e improváveis que ainda arranjavam tempo para cenas quentes de amasso. Quando eu finalmente tive minha primeira melhor amiga, em vez de brincarmos de rainhas ou de mulheres das cavernas, discutíamos sobre quem seria o "menino". Afinal, o que é uma brincadeira sem o conflito dramático de se receber amor e atenção masculinos?

Da Disney e dos vhs chuviscados de *As The World Turns* até as minhas Barbies e capas de revista no caixa da mercearia, eu tinha uma lista infinita de imagens que passavam no meu cérebro. As meninas dignas de adoração tinham cinturinhas minúsculas e pezinhos elegantes, seios grandes e redondos abaixo de pescoços compridos e delicados. Elas giravam suavemente em um vestido e sua montanha de cabelo ondulava com o menor movimento de cabeça. Sem que ninguém me dissesse o contrário, eu me identificava com essa visão. "Sim", eu pensava. "Eu escolho isso."

Eu acreditava que fosse simples assim. Via beleza e me sentia bonita, então, é claro, eu com certeza era igual à beleza que eu via. Quando cheguei no primeiro dia do clube de língua de sinais, na primeira série, pediram a todos nós que criássemos nosso próprio nome em sinais ao escolher uma palavra que nos descrevesse. "Linda", eu disse. Sem pausas, sem dúvidas, sem hesitação. Eu era tão confiante que tomei a palavra inteira para mim mesma. Ela pertencia a mim. Quando eu me imaginava, via uma aristocrata deslumbrante e luminosa. Girava meu cabelo entre os dedos e via pilhas de ouro. Sorria e imaginava um sorriso tímido e cativante de princesa nos meus lábios. Escolhia meu vestido de manhã e conseguia me ver nele, de verdade, deslizando graciosa pelo mundo.

A ficha que você está esperando cair já vem. Porque, é claro, eu não era nada parecida com a Ariel em seu biquíni de conchas ou mesmo com a Wendy Peffercorn passando bronzeador nas pernas. E embora poucas de nós se pareçam com uma gata salva-vidas dos anos 1990, e nenhuma se pareça com uma sereia de desenho animado com olhos do tamanho de mãos e uma cintura do tamanho de um pulso, meu corpo estava ainda mais longe do ideal que o da maioria. Levei mais tempo do que você pode imaginar para entender isso. Quão difícil é perceber que as pesadas órteses nas suas coxas não se parecem em nada com as pernas magras e longas que param o trânsito em uma propaganda de batom?

Perdi minha crença em minha própria beleza aos tropeços, em ondas de reconhecimento – "Ah, espere aí! Eu não sou assim!". E logo depois disso: "Eu *não* sou bonita!". Não perdi isso com um passo em falso e um gesto de mão; essa noção foi arrancada lentamente dos meus punhos fechados ao longo de anos.

Quando tinha 14 anos, fui ao lago Michigan com um grupo de amigos. Alguém prendeu meu cabelo em dois coques bagunçados no topo da minha cabeça, e eu estava usando um maiô preto clássico. Amigos se revezavam me carregando nas costas até a água; eu nem me lembro da minha cadeira de rodas lá. Será que a deixamos no carro? Passei boa parte do dia em uma toalha de praia, esfregando areia entre as mãos, sentindo o sol afundar nos meus ombros. Eu me sentia como Christy Turlington em um comercial de perfume Calvin Klein – tudo era preto e branco, orgânico, perfeito, em câmera lenta, enquanto Aimee Mann cantava suavemente ao fundo: "*What the world needs now is love sweet love*". Mais ou menos um mês depois, vi um vídeo que alguém tinha gravado naquela tarde. Ver o vídeo me deixou sem fôlego – como uma punhalada na barriga –, fiquei horrorizada. O que eu vi estava longe de Christy Turlington em preto e branco. Meu torso era grosso e contorcido, meus ombros eram largos em contraste com as minhas pernas moles e flácidas, meus pés pareciam pesadas botas cinza. Eu mal conseguia olhar para a imagem. Era repulsivo.

De novo e de novo, eu me senti arrasada quando a imagem capturada no quadro não se parecia em nada com as visões de beleza que eu tinha guardadas dentro de mim – magra, delicada, esguia, sem cicatrizes, sem marcas, livre. Minha aparência real combinava com imagens muito mais tristes que eu havia visto – eu me parecia mais com algo médico, trágico, doloroso, quebrado. Não era quem eu queria ser, nem mesmo quem eu sentia ser. Comecei a cortar a parte de baixo do meu corpo de todas as fotos. Se eu nunca a visse, podia fingir que ela não existia.

Mesmo quando a vergonha não era a voz mais alta na minha cabeça, havia uma questão prática da paixão e do desejo que eu não conseguia resolver. Desde a quinta série, eu me sentava na minha cama e tentava processar isso no meu diário. Como seria? Como seria se um cara me conquistasse? Me quisesse? Em *As the World Turns*, os caras empurravam as mulheres contra a parede ou as deitavam lenta e gentilmente na cama, no sofá ou no chão coberto de musgo de uma floresta. Parte disso era a mecânica da coisa – ele teria que me ajudar a tirar a roupa? Ele teria que me erguer da minha cadeira? (Nenhuma das opções parece ruim agora, mas na época essa perspectiva me mortificava.) Mas não era só o sexo. Eu nem conseguia imaginar um romance entre uma pessoa paralisada e um parceiro que ficasse em pé. Como essas pessoas se abraçariam? Caminhariam juntas pela rua? Dançariam? Posariam para fotos? Eu nunca tinha visto isso. Faltava-me a imaginação assim como a Nossos Homens Favoritos do Reddit. Se nunca vimos algo, é sequer possível?

Ninguém nunca disse as palavras, mas eu as juntei por mim mesma, lenta e metodicamente, ao longo do tempo: "Você é grotesca demais para ser desejada. Você não tem lugar em uma história de amor". Carreguei esse bolo no estômago e ele bombeou toxinas para os meus membros e pela minha coluna diariamente.

Quando eu me permitia fantasiar, fazia isso pregando uma peça enorme no meu cérebro: nas minhas fantasias, eu era sempre uma versão sem deficiência de mim mesma. Meu corpo era simétrico, com pernas funcionais. Meus pés eram elegantes e rosados. Minha cintura era tão fina que eu me movia por qualquer espaço com graça e facilidade.

Sam Wagner era minha única chance – de ter uma história de amor, ser amada, viver a vida de uma esposa. Ele era o menino mais novo de uma família de sete filhos, todos nascidos no espaço de oito anos.

Nós frequentávamos a igreja com os Wagner e, quando Sam e eu tínhamos 8 anos, ele gastou toda a sua mesada para me presentear com um livro Olho Mágico que eu tinha escolhido no catálogo da escola por 3,95 dólares. Esse presente generoso acendeu uma pequena fagulha de que talvez, se eu desejasse isso de todo o coração, Sam me amasse o suficiente para se casar comigo um dia.

Durante anos, vi Sam uma vez por semana na escola dominical. Eu vestia meus vestidos de domingo mais bonitos, fazia minha mãe cachear meu cabelo com um *babyliss* quente que queimava minha testa e as pontas das minhas orelhas e ficava sentada em silêncio na igreja tentando notar se Sam tinha visto quão bonita eu estava. Talvez ele olhasse na minha direção quando os meninos provocavam as meninas durante o jogo de Trívia Bíblica, mas na maior parte das semanas ele parecia ter esquecido o lampejo de intimidade especial que tínhamos quando éramos só um pouco mais novos. Durante o resto da semana, eu sonhava. Comecei a rezar toda noite para uma estrela brilhante, e então a desejar, toda noite, às 11h11, que esse sonho impossível se realizasse. (Quando você quer trazer um milagre para o mundo, é importante se garantir.) Enquanto isso, comecei a dizer para qualquer pessoa que quisesse ouvir (e para algumas que não queriam) que não queria me casar quando crescesse. Proclamava que era uma coisa nojenta. Porque, se você *decide* se tornar uma solteirona, é cem vezes menos patético do que se você é forçada a ser uma solteirona contra a sua vontade.

Ainda não sei o que funcionou – provavelmente o *babyliss* –, mas, lentamente, conforme os anos se passaram e viramos adolescentes, Sam de fato começou a prestar atenção em mim. Ele se sentava ao meu lado no ônibus durante excursões do grupo de jovens e nós cantávamos Relient K bem alto. Ele me convidava para ir à casa dele junto com um punhado de outras crianças da igreja para "cantar canções de louvor"; então pedia para trançar o meu cabelo enquanto estávamos sentados em volta da fogueira no quintal dele. Eu acreditava que estava tão presa ao meu papel de pessoa com deficiência do lado de fora das histórias de amor que foi muito difícil para mim acreditar que Sam me visse como qualquer outra coisa além de uma amiga inocente. Não acreditei realmente que ele sentisse alguma coisa especial por mim até uma ligação às duas da manhã. Eu estava sentada no chão da cozinha e Sam escondido no porão, quando ele me disse as palavras: "estou muito a fim de você".

"Mesmo?", perguntei. Eu mal conseguia compreender. Era algum tipo de mal-entendido, uma falha do sistema, e eu apreciei o milagre.

Eu sabia que as pessoas nos observavam e não sabiam muito bem o que pensar. Não havia casais que se parecessem conosco em nenhum espaço popular. Exceto talvez por Christopher e Dana Reeve, mas eles já eram casados antes do acidente que levou a tragédia para o casamento deles. O relacionamento deles não era um modelo de química sexual ou intimidade atraente; era a imagem da busca desesperada por uma cura que consertasse um erro óbvio. Se Sam e eu tivéssemos nosso romance retratado nas telas, estaríamos em uma comédia na qual todo mundo ri da menina "deficiente" embaraçosa que pensou que tinha uma chance no amor (pense em Joan Cusack em *Gatinhas e gatões*, presa naquele colar ortopédico tentando beber água de um bebedouro ou conversar com um menino no ônibus) ou em um filme dolorido de fazer chorar a respeito de um herói altruísta que é capaz de olhar para além das deformidades grotescas e amar a garota quebrada apesar delas (como *Um amor para recordar*, mas substituindo a linda e moribunda Mandy Moore por uma versão esquisita de Joan Cusack presa ao colar ortopédico etc.).

Quando as pessoas viam Sam e eu juntos, colocavam-nos em uma dessas duas histórias – a comédia embaraçosa ou a imagem de tirar o fôlego do amor mais verdadeiro do planeta. Isso contrastava fortemente com a história real de dois adolescentes que gostavam um do outro.

Na minha experiência do amor, meninos do ensino médio poderiam empatar com Nossos Homens Favoritos do Reddit em sua relutância em imaginar. Eu sentia o desconforto nos amigos de escola de Sam. Eles provavelmente colocavam nosso romance em algum tipo de comédia absurda que arrancava risadas baratas e idiotas. Eu ainda me lembro de ouvir a respeito do cara na sala de Sam que o provocava dizendo: "Pelo menos minha namorada consegue correr". Leio essas palavras agora e elas parecem um copo vermelho triste e amassado – vazias e fracas. *Que bom pra você! Uma namorada que corre! Parece superdivertido. Vocês devem ser muito felizes juntos, com toda essa corrida.* Mesmo Sam não pareceu muito incomodado com a piada na época. Mas eu me lembro de ficar revirando a frase na minha cabeça – *pelo menos minha namorada consegue correr.* Meninas que correm são meninas que vale a pena perseguir. Elas usam sua habilidade de correr para girar e andar em passarelas e se divertir na cama. Meninas que não podem correr poderiam muito bem ser velhas vivendo em asilos com um cheiro triste de mofo.

O "romance de tirar o fôlego" era uma narrativa mais comum dada a nós, e não era uma alternativa atraente. Eu me acostumei com as mulheres mais velhas da nossa igreja se abaixando até meu ouvido, desconfortavelmente perto do meu rosto, e sussurrando com intensidade que eu tinha muita sorte por ser amada por um homem assim. *Você consegue imaginar o quanto aquele jovem a ama?*, elas perguntavam umas às outras. *Incrível.*

Eu nunca podia me esquecer de quanta sorte eu tinha por ser amada por Sam. O que tornava a experiência de namorá-lo muito confusa. Porque, veja só, eu na verdade não gostava dele da forma como achava que gostava. Quer dizer, sim, eu gostava dele. Especialmente no início. Mas rapidamente minha quedinha se transformou em um afeto relutante, como você gosta de um irmão mais novo que te irrita sem parar, mas ele passou por muita coisa nessa vida com você e, além disso, é bonitinho quando pega no sono em uma viagem, então você não pode jogá-lo fora como um lixo. Ao mesmo tempo, você provavelmente não escolheria seu irmãozinho insuportável, nem mesmo o equivalente a ele, para ser seu parceiro na vida. Eu conhecia Sam desde que tínhamos 8 anos. Eu amava como ele saltava pela neve como um cachorrinho e como ele me amava com a mesma lealdade instintiva. Um amor que eu tinha certeza de que não merecia. Mas o jeito que ele tinha de ficar sacudindo a perna ou assobiando por entre os dentes me deixava louca. E mais do que os tiques e o barulho, havia uma outra coisa. Eu não sabia o que era – eu nunca tinha estado com outra pessoa, então era difícil definir –, mas se parecia com ser invisível. Eu podia falar ou fazer qualquer coisa – gritar, dar um ataque, pular no telhado, pôr fogo na casa – e Sam olharia para mim exatamente da mesma maneira. Será que ele sequer me enxergava?

Nós falávamos em terminar uma vez por mês. Eu chegava ao limite – *Por que estou com essa pessoa? Eu nem GOSTO dele!* Sam sempre me convencia do contrário – *O amor é sacrifício! Se fosse fácil, algo estaria errado.* Nós conversávamos sobre isso várias vezes, mas, no fim, as conversas começaram a parecer mais como gestos. Ataques infantis. A ideia de terminar com Sam nunca pareceu realmente possível, porque eu sabia o que significaria. Se eu terminasse com esse garoto infantil inofensivo, ficaria sozinha pelo resto da vida. Nunca teria minha própria família. Nunca me sentiria amada de novo. Nunca me sentiria desejada. E escolher abrir mão de tudo isso parecia tolice. Eu podia aguentar quase qualquer coisa para evitar me sentir sozinha e indesejada.

Eu me lembro do momento em que percebi que eu nunca iria realmente terminar com ele. Eu vi meu rosto no espelho – esse rosto com um nariz comprido, lábios finos e olhos cansados – e disse a mim mesma para ser honesta. Realista. Era isso. Eu não conseguia imaginar nenhum outro caminho para uma garota em uma cadeira de rodas.

Com a sábia idade de 22 anos, decidimos nos casar.

Fui dama de honra quatro vezes antes de ser uma noiva. A cada casamento, meu corpo de dama de honra com deficiência exigia arranjos e adaptações embaraçosas, especialmente nas fotos de grupo perfeitamente posadas. *Agora, cada dama de honra fica em um degrau diferente e façam um círculo em volta da noiva. E o que faremos com a que não fica em pé... hum... ela senta no chão? Sim, boa ideia.* Quanto mais velha eu ficava, mais me sentia a falha estética no casamento de outras pessoas – o objeto que não pertencia, a intrusa esquisita que estragava as fotos, a pessoa cujo corpo não cooperava nem com o mais flexível dos vestidos. Casamentos deviam ser bonitos como capas de revista, e parecia que a dama de honra com deficiência estragava a coisa toda.

Quando foi a minha vez de ser a noiva, eu estava determinada a caminhar até o altar. Nos meses que antecederam meu casamento com Sam, comecei a praticar com uma fisioterapeuta. Ela chamava um ajudante para carregar um espelho de corpo inteiro na minha frente para que eu pudesse me ver dando passos com um andador, prestando atenção aos meus quadris (um parecia mais baixo, enquanto o outro fazia o trabalho de dois), meus pés (um deles sempre se arrastando atrás), e mesmo meus braços (com veias saltadas como as de um fisiculturista por causa do esforço, o que me deixava morta de vergonha). Eu parecia desconfortável, estranha, dura, desajeitada.

Nada parecida com as noivas delicadas e deslizantes que eu tinha na cabeça. Eu agarrava as barras do meu andador, tentava me lembrar de respirar e colocava todo o meu esforço mental em erguer aquele pé direito, erguer aquele quadril esquerdo. Logo, minha testa ficava úmida e meus pulsos começavam a tremer com o esforço.

Na época, eu não fazia ideia de que minha motivação para caminhar até o altar era um clichê tão estabelecido. Noivas (e noivos) paralisados se levantando de suas cadeiras de rodas e caminhando até o altar é todo um gênero de vídeos no YouTube. Será que as pessoas que fazem e que assistem a esses vídeos sabem quão comuns eles são? Mais importante para mim, será que colocaram alguma energia em questionar por que esses vídeos são tão populares? Por que os espectadores os adoram? Por que tantas noivas sentem a necessidade de se esforçar tão intensamente só para evitar usar um auxílio de mobilidade na troca de votos? Por que as noivas acreditam que é infinitamente melhor se não tiverem auxiliares de mobilidade com elas quando se comprometem a unir sua vida à de outra pessoa?

Na superfície, esses vídeos preenchem as exigências das nossas histórias preferidas de superação das adversidades. *Uau! É bom quando alguém desafia um prognóstico, salta por cima de um obstáculo, conquista um objetivo difícil.* Mas outras histórias estão sendo reforçadas aqui também. Noivas e cadeiras de rodas estão entre os símbolos mais rígidos de nossas histórias coletivas. Noivas caminhando até o altar são símbolos de pureza, bondade e beleza; nós as vemos como a promessa do início da vida. Auxiliares de mobilidade são símbolos tristes da derrota e da doença; nós os vemos como a promessa da velhice, do fim. A mistura desses dois símbolos nos desconcerta.

*Noiva em fuga* foi lançado quando eu tinha 13 anos. Era O filme das noites do pijama. Nós enfileirávamos nossos sacos de dormir, sacávamos nosso tricô (isso mesmo, nós éramos as meninas descoladas da sua sala) e repetíamos todas as falas da Julia Roberts com ela (como nós gostávamos de dizer "Você não reconheceria o amor se ele te mordesse no SOVACO!"). Durante minha adolescência, esse filme foi um dos meus favoritos, assim como *O casamento do meu melhor amigo* (1997), *Afinados no amor* (1998), *O casamento dos meus sonhos* (2001) e *Casamento grego* (2002), todos eles filmes que incluem noivas que ficam em pé e caminham usando longos vestidos bufantes que ganham todo o destaque durante a cena fundamental em que andam até o altar. Incontáveis histórias, infinitas cenas que reforçam dois pilares: (1) a história mais importante de uma garota é se casar; e (2) casamento não é coisa para garotas com deficiência (ou garotas queer, garotas gordas, garotas mais velhas e, a menos que você seja a JLo, parece que também não é para garotas não brancas).

Eu não sabia como me imaginar girando minha cadeira até o altar sem que isso me deixasse envergonhada. Eu me sentia uma impostora, tentando fazer as pessoas acreditarem que eu também era uma garota bonita com quem alguém queria se casar. Deixei minha cadeira de rodas do lado de fora do santuário e não aceitava nem que o apoio de um andador ou de uma muleta maculassem a cena; em vez disso, eu me agarrei aos meus pais, que me ajudaram a caminhar até o altar, na direção de Sam. Se você não soubesse de nada, poderia ter me visto como uma noiva normal, bonita, perfeita e pura. A música era dramática e os bancos estavam cheios com seiscentos rostos me vendo dar um passo após o outro. Eu sabia que era um momento importante. Quando penso nele agora, porém, não me lembro das mãos dos meus pais ou do rosto de Sam no fim do corredor. Nem me lembro do trabalho de levantar cada pé. Só me lembro de me sentir separada de mim mesma, fora do corpo, vendo a cena do alto. Como em um filme, eu não estava realmente ali.

Como você provavelmente já adivinhou, o casamento não foi muito bem. Acontece que tentar passar a vida com seu irmãozinho insuportável não é lá muito sustentável. A brutalidade de estar casada com uma pessoa que você escolheu por medo e conveniência foi uma forma rápida de aprender que se juntar com qualquer um não é o arranjo definitivo que eu sempre tinha imaginado que seria. Ser amada por um garoto pode, na verdade, ser um pesadelo. Francamente, ficar totalmente sozinha pode ser muito melhor – e mais realizador, satisfatório e excitante – do que estar com a pessoa errada.

Desesperada para sair daquilo, eu me vi sem mais nenhum medo da solidão, da independência ou mesmo de ser indesejável para potenciais interesses amorosos. O que encontrei nesse destemor foi delicioso: noites sozinha bebendo vinho tinto e engolindo tigelas inteiras de pipoca com Angela Lansbury em *Assassinato por escrito*. Dormir até tarde com gatos cor de laranja ronronentos circundando minha cabeça. Ler todos os romances de Jane Austen com bebidas quentes feitas de forma desajeitada na minha máquina de espresso de segunda mão. Mergulhei fundo nessa solidão sagrada durante anos.

Quando percebi que estava feliz sozinha, havia conforto em me manter assim. Eu não saía para muitos encontros. Era mais do tipo que desenvolve uma paixonite por alguém que mal conhece, lê todos os posts que a pessoa já fez em uma rede social e, finalmente, depois de meses de uma obsessão pouco atraente, manda para ele uma mensagem aleatória e descontraída com a esperança secreta de que a resposta seja uma declaração de amor. Por que, afinal, depois de todo aquele desejo silencioso, COMO NÃO SERIA?

Finalmente comecei uma conta em um site de relacionamentos porque (1) a amiga que morava comigo arranjou um namorado sério e os dois pareciam muito engajados em me arranjar um namorado; e (2) eu estava curiosa. Muitos dos meus argumentos a respeito de namoro e relacionamentos tinham se desenvolvido completamente na minha cabeça. Eu tinha tido uma experiência tenebrosa e o resto tinha se passado em telas e revistas e sido deformado em algo humilhante e torturante. Com a empoderada idade de 28 anos, eu queria ver: será que uma cadeira de rodas realmente seria um obstáculo enorme para as pessoas? Eu colocaria todo esse esforço no meu perfil on-line e teria o som de grilos como resposta? Ou pior, os homens seriam cruéis? Eles ririam de mim? Iriam me fetichizar? Eu estava preparada para alguns encontros desconfortáveis que renderiam ótimas histórias que eu poderia contar mais tarde para entreter minhas melhores amigas. Estava até preparada para me machucar. Eu não me permitiria esperar muito mais que isso.

Tenho certeza de que coloquei mais tempo e energia no meu perfil do que qualquer outro cidadão. Eu me torturei escolhendo quais fotos usar, tentando encontrar o número certo que incluiria minha deficiência na proporção certa. Que punhado de imagens comunicaria que a deficiência era parte de mim sem eclipsar o resto do que sou? Como eu poderia enfatizar que amava minhas sobrinhas e sobrinhos e comer delivery na varanda e meu próprio estilo peculiar sem fingir que meu corpo paralisado não era parte de tudo isso? Como eu podia convidar as pessoas a me verem de verdade sem assustá-las?

No espaço para informações adicionais sobre mim, escrevi: "A cadeira de rodas me dá uma perspectiva única da vida e não me impede de muita coisa – eu dirijo uma caminhonete e adoro sair com meus amigos pela cidade. Valorizo minha independência, mas também aprecio os relacionamentos que tenho, nos quais me sinto segura/próxima o suficiente para aceitar ajuda de tempos em tempos. Não me sinto desconfortável se você tiver perguntas a respeito dessa parte de mim. Que mais...? Acho que as coisas mais bonitas são encontradas nos lugares mais improváveis, e os momentos mais mundanos também podem ser milagrosos. Valorizo autenticidade e originalidade. E acho que é importante sempre nos esforçarmos para sermos pessoas mais gentis, empáticas e generosas". Refleti sobre cada palavra, cada tom e nuance.

Logo percebi que poucos homens tinham colocado sequer um quarto desse esforço nos seus perfis. Na verdade, não tenho certeza de quantos homens que me contataram sequer olharam minha página cuidadosamente organizada por tempo suficiente para ver a cadeira de rodas em duas das oito fotos.

De início fiquei entediada com a coisa toda. Tinha o cara mais velho com filhos que só me mandava mensagens longas e engraçadinhas sobre como sua vida era comum. Eu me peguei pensando como seria ser a madrasta de alguém, mas as mensagens diminuíram e eu mal notei. Tinha o bonitinho de boné azul que me encontrou para tomar sorvete em uma tarde de sábado e claramente não sabia o que fazer em um primeiro encontro com uma pessoa que fazia perguntas a respeito de cada detalhe de vida que ele compartilhava.

"Então meus pais se divorciaram e eu fui morar com a minha mãe..."

"Como foi isso?"

"Bom? Normal. Eu acho."

"Mesmo? Foi 'bom'?"

"É. Então, enfim..."

O cara continuou a me mandar memes sobre dragões por semanas depois do nosso encontro, o que ainda me intriga. Eu gostava dos memes de dragão. Não gostava das respostas monossilábicas para minhas perguntas intrometidas. Não tivemos um segundo encontro.

Teve o tipo que tomou banho de perfume e não disse uma palavra sobre a minha cadeira de rodas até eu mencioná-la, depois de uma hora de jantar. Quando eu perguntei o que significava para ele eu ter uma deficiência, ele se desviou da pergunta e minimizou sem hesitar. "Não é como se isso te definisse", ele disse. Para ser justa, que pergunta péssima de se fazer para alguém em um primeiro encontro. Do nada, PÁ. *Já!* Além disso, que interessante ter esse cara do outro lado da mesa definindo para mim o lugar que minha deficiência tinha na minha própria vida. Eu não me lembro do que eu disse, mas na minha vida imaginada, eu fui cheia de sarcasmo: *Aaaah!* É esse *o papel que a deficiência tem na minha vida! Eu estava esperando que alguém me dissesse.*

Mas minha eterna favorita foi uma interação com um cientista – um resolvedor de problemas que tinha encontrado seu grande enigma na mulher com deficiência que ele conhecera na internet! Sério, eu devia ter parado de responder esse cara assim que ele começou a me ensinar sobre a minha profissão de professora de inglês (uma profissão que não era a dele. Nem de longe, sr. Cientista). Eu sabia que não daria em nada. Mas também estava muito curiosa. O que mais esse homem poderia ter a me ensinar? Logo descobri que ele tinha um plano para curar minha paralisia. Acontece que ele tinha transformado sua experiência com a diabetes tipo I por meio de uma dieta muito específica (o que talvez faça algum sentido? Eu não saberia dizer) e estava convencido de que meus sofrimentos poderiam ser resolvidos, pelo menos em parte, por um regime similar (o que não faz nenhum sentido, isso eu sei). Nós provavelmente teríamos que acrescentar exercícios à minha rotina, mas, como ele me garantiu, ele daria um jeito.

Depois de um mês de toda essa diversão, eu estava achando engraçado, mas nada além. Não tinha sentido uma única fagulha de conexão – na verdade, nada que sequer parecesse um brilhinho. Eu me sentia um patinho feio. Não necessariamente por causa da cadeira de rodas nas minhas fotos, mas porque algo na forma como eu via o mundo não combinava com essas pessoas que eu tinha conhecido. Foi a cadeira de rodas que me deu essa lente? Com certeza em parte, certo? Isso somado a ser a mais nova em uma família de seis, junto com sentimentos, histórias e a compreensão de que não tínhamos dinheiro, tudo isso sobre um cenário de quimioterapia, cirurgias e órteses nas pernas sob o brilho do Meio-Oeste nos anos 1980 e 1990. Isso tudo foram forças que me moldaram em uma pessoa que não conseguia deixar para lá as partes doloridas ou complicadas da vida. *O divórcio dos meus pais foi ok. A deficiência não me define. A paralisia pode ser consertada.* Nada disso foi traumático. Só não fez meus olhos brilharem.

Isso confirmou o que eu já vinha pensando havia algum tempo, mas dessa vez não pareceu tão assustador. Minha história provavelmente não incluiria romance. Eu não tinha sido feita para me juntar a outra pessoa. E, na verdade, estava tudo bem por mim. Eu gostava da minha história como ela era. Gostava de quem eu era sozinha. Esse era um espaço que eu tinha criado para mim mesma a duras penas, e eu estava grata por poder descansar ali.

E então, depois de apenas um mês de namoro on-line, apareceu Micah. Eu encontrei o rosto dele enquanto descia por páginas de fotos de perfil com a minha mãe, rindo de todas as selfies sem camisa em espelhos de banheiro. Nós duas paramos em seu meio-sorriso charmoso. Ele não estava em um banheiro, não havia nenhum espelho à vista e ele estava de camisa!

"Mande uma carinha sorrindo para ele!", minha mãe exigiu. Ela estava nas nuvens com aquele meio-sorriso.

"Espera aí", eu disse, sorrindo de volta para a foto dele. "Vamos dar uma olhada nesse Micah, 28." Enquanto eu rolava o perfil dele, sentia pombinhas amorosas voando em torno da minha cabeça. Primeiro, ele sabia escrever uma frase, incluindo o uso correto de vírgulas entre duas orações independentes conectadas por uma conjunção, o que para mim era quase uma dança do acasalamento. Quanto mais eu lia, mais me maravilhava. Essa pessoa era de verdade? A internet o tinha criado a partir de uma coleção vitalícia dos meus termos de busca e compras on-line? Esse cara valorizava histórias, curiosidade e expressão artística. Gostava de conversas particulares e estava em busca de alguém fácil de conversar (ding! ding! ding!). E, a cereja do bolo, ele fazia uma piada em referência a *Doutora Quinn*. Oi, você pode ficar com meu coração aqui e agora, de verdade, toma, é seu. Mandei uma carinha sorrindo para ele.

Quando entrei no meu carro para ir para casa, Micah tinha me mandado outra carinha em resposta. Eu só descobri depois que nós quase perdemos essa conexão. Ele só tinha mais três semanas de assinatura no site de namoro e fazia meses que não checava as mensagens. Quinze minutos depois que eu mandei a carinha sorridente, ele entrou de novo. Pensou que a carinha estivesse esperando havia semanas. Pelo que ele sabia, devia estar. Eu gosto desse detalhe da história. É a pitada de coincidência em um romance digital construído por algoritmos. Passamos a noite toda trocando mensagens.

Na verdade, trocamos mensagens durante todo o mês de setembro. Mensagens a respeito da ordem de nascimento, de nós dois sermos caçulas mimados e angustiados e de como idealizávamos nossos irmãos mais velhos. Elogiamos um ao outro por termos estudado coisas tão pouco práticas na faculdade, mas que alimentavam a alma; conversamos sobre nossas conexões de infância com C. S. Lewis e Roald Dahl e discutimos as qualidades de ser team Peeta ou team Gale (team Peeta até o fim, óbvio). Conforme nossas mensagens se expandiam, elas se aprofundavam. Conversamos sobre desejo e luto, sofrimento e alegria, desconstruindo e reconstruindo nossas crenças pessoais a respeito de fé, igreja e religião. Foi só depois de duas semanas, no dia 13 de setembro, que Micah me perguntou sobre a minha cadeira de rodas. Com elegância, cuidado e curiosidade, no meio de uma troca a respeito de dor e empatia, ele escreveu: "Você menciona no seu perfil que usa um andador e uma cadeira desde que era criança. Isso te ensinou empatia? Como isso moldou sua vida? Talvez seja uma pergunta ridícula, te pedir para fazer uma questão tão grande caber em uma mensagem digitada, e talvez exista uma forma mais educada de ter curiosidade a respeito de uma situação como essa, mas estou curioso, por isso pergunto".

A pergunta dele, seu tom, sua escolha de palavras, me encantaram. Apreciei sua curiosidade genuína. Não uma busca gananciosa por detalhes nojentos, mas um interesse humilde. Um reconhecimento de que ele não sabia o que isso significava para mim e não iria se intrometer nem tentar consertar nada. Ele só estendeu um convite para que eu compartilhasse minhas histórias. Eu mesma não poderia ter pensado em uma maneira melhor de perguntar.

Passamos nosso primeiro encontro comendo biscoitos enormes mergulhados em canecas de café em uma quarta-feira à noite. Quando subi a rampa para encontrá-lo, não me lembro de pensar em como ele me enxergaria – o que a imagem do meu corpo paralisado sentado em uma cadeira de rodas significaria para ele. Por que isso? Talvez porque, naquele momento em que eu o vi, sentado sozinho no pátio do café, confiei que eu já era muito mais complicada para ele do que uma cadeira de rodas ou um vestido azul turquesa com uma gola de renda (que foi o que escolhi vestir depois de três horas de reflexão). Fechei minhas mãos como uma luneta de mentira (como se eu fosse um pirata vendo-o do outro lado do oceano?) e disse: "É você! Você é uma pessoa real!". Nós nos sentamos sob um guarda-sol vermelho e eu comecei a falar demais e muito rápido, e ele sorriu e acenou com a cabeça e deu uma risadinha doce. Horas se passaram, eu me acalmei e nós não tínhamos nem começado a ficar sem coisas para contar e perguntar um ao outro. Mesmo quando começou a cair um dilúvio, nós nos encolhemos sob nosso guarda-sol vermelho e rimos de quão violenta a tempestade estava ficando – a rua atrás de nós tinha mesmo virado um rio?

Nosso primeiro encontro foi doce e perfeito. Então tivemos alguns meio esquisitos. Tipo no segundo encontro, quando ele me disse que tinha partido corações no ensino médio, e eu meio que vomitei na minha própria boca e decidi que provavelmente nunca poderia amá-lo. Porque quem é que atrai interesse amoroso sem fim no ensino médio, de todos os momentos da vida? Só pessoas com quem eu não poderia me identificar. Ou quando, no nosso terceiro encontro, ele me convidou para assistir *Loucos sobre rodas* com os amigos dele e eu fiquei olhando feio para a TV o tempo todo. Porque (1) eu meio que odeio filmes em que você deve rir quando os personagens batem ou são esmagados por objetos pesados em movimento; e (2) os amigos de Micah eram ótimos e tudo, mas eu não estava a fim de passar meu tempo com eles.

Em um desses primeiros encontros, fomos fazer compras em brechós, e Micah confessou que não sabia como andar comigo. "Eu ando atrás de você? Coloco minha mão no encosto da cadeira?" Eu não sabia o que dizer a ele, mas gostei de ele ter compartilhado sua insegurança comigo. "Não sei, que tal assim?", perguntei, pegando a mão dele e o arrastando pelo corredor. De início ele não queria me empurrar para lugar nenhum. Para ele, parecia agressivo, controlador – o que era o oposto de seus impulsos. "Para *mim*, meio que parece que estamos de mãos dadas", eu disse. Ele considerou. Ele não tinha pensado nisso por esse ângulo antes. E, aos poucos, criamos nossa própria moeda, nossas próprias intimidades, nossas demonstrações personalizadas de afeto. Do zero, imaginamos nosso amor pela vida. Micah empurrava minha cadeira deslizando as mãos para trás das minhas costas. Ele beijava o topo da minha cabeça enquanto andávamos pela rua. Eu apoiava minha cabeça no antebraço dele. Ele me erguia da cadeira e para dentro do carro para evitar a poça em frente à porta do passageiro. Eu lhe dava beijos rápidos nas bochechas e guardava as covinhas dele na memória.

Eu tinha certeza de que Micah estava preocupado com o sexo, mas ele não disse nada. Na minha cabeça, medos a respeito do sexo eram a principal razão para pessoas sem deficiência não saírem com pessoas com deficiência. Eu definitivamente estava atenta a isso, e ainda nem tinha entrado no Reddit. Eu sentia uma necessidade de acalmar qualquer medo que ele pudesse estar guardando, então, uma tarde, sentada em meu sofá laranja sob a janela geada, eu questionei: "Você tem perguntas sobre o sexo?".

Micah foi casual e calmo.

"Na verdade, li alguns blogs e um artigo bem útil a respeito de sexo e paralisia."

"É mesmo?", perguntei, encantada e me divertindo. Que simples, que prestativo, que inteligente!

"É, quer dizer, eu me senti meio tonto, porque todos eles basicamente diziam: 'É claro que pessoas com deficiência podem fazer sexo'."

Sorri para essa pessoa curiosa e inteligente que eu havia escolhido para se sentar comigo em meu sofá laranja, para apresentar para os meus gatos ranzinzas, com quem passar todos os meus sábados. Ele fazia a história de amor inimaginável parecer tão comum.

Quando eu e Micah já estávamos juntos havia alguns anos, fui com ele à festa de fim de ano do trabalho dele. No início daquele mês, eu tinha passado pela qualificação do meu doutorado, o que parecia um feito enorme, e tinha raspado o cabelo como uma espécie de celebração empoderadora. Eu me sentia no auge do meu brilho e da minha força. Micah e eu estávamos felizes juntos, e eu me sentia particularmente bonita com meu corte de cabelo recente. Cheguei à festa me sentindo valorizada. Depois de dois gins-tônicas eu estava me divertindo horrores, conhecendo os colegas de Micah, dando rostos às histórias. O salão estava à meia-luz e um zumbido de energia corria pelo espaço.

Estávamos em uma conversa com um dos colegas de trabalho dele havia algum tempo, ouvindo-o falar do tempo que ele passara no seminário e dos cursos on-line que vinha fazendo. Eu estava realmente interessada, fazendo todas as perguntas, como é meu hábito, quando o cara fez um pequeno desvio e começou a perguntar como Micah e eu tínhamos nos conhecido. Eu disse a ele quão vulnerável eu havia me sentido entrando em um site de namoro com uma deficiência? Não sei o que levou à parte seguinte da conversa, mas mesmo antes que eu reconhecesse o que estava acontecendo, comecei a sentir o espaço à minha volta se desintegrar. "Eu te admiro muito, cara", o colega disse a Micah. De início, nós dois ficamos confusos. Paramos de concordar com a cabeça, nossos rostos se fecharam um pouco. Por que Micah merecia elogios? "Por namorá-la", o colega esclareceu. "Vários caras nem olhariam para aquele perfil. Isso diz muito sobre você." Eu me ouvi concordando totalmente. "É, ele é especial!", respondi para o cara que tinha acabado de me fazer sentir tão minúscula e agora dava um soquinho no bíceps de

Micah. Risada, risada, risada. Continuei sorrindo e conversando a noite toda, mesmo querendo desaparecer. Eu me sentia tão idiota por ter aparecido nessa festa confiante, imaginando que os colegas de Micah me veriam como algo além da prova de sua benevolência.

Conforme a noite seguiu, bebi mais gins-tônicas, e quando Micah e eu estávamos saindo para o estacionamento, eu havia encontrado minha indignação. Ensaiei para Micah a patada que eu deveria ter dado em seu colega de mente pequena e, naquela noite, no meu diário, escrevi bêbada: "Para aquele babaquinha que queria dar um prêmio para o cara que namora uma menina na cadeira de rodas: vai se foder, seu farrapo de pinto pequeno no fundo de um ralo sujo de peixe podre. Vai se foder". Não estou certa da imagem precisa que esse insulto deveria evocar, ou o que o peixe podre tem a ver com isso. Mas o que me chama a atenção aqui são duas coisas: (1) a ignorância dele ainda doeu em mim, mesmo depois de anos de investigação da minha deficiência, de me encontrar, encontrar o amor verdadeiro e aumentar minha autoestima. Com quatro frases breves, ele ainda tinha o poder de me desfazer completamente. E (2) eu não me via mais como a única fonte do problema. Com uma hora e um pouco de álcool, eu tinha superado meu ódio de mim mesma e colocado o problema fora de mim. E mesmo que eu ainda não tivesse aprendido a lidar com essa mudança – mesmo que eu lidasse com ela com raiva e uma boca suja –, era um passo de distância de tornar meu corpo um anfitrião perfeito da vergonha. Eu era capaz de reconhecer que esse cara não entendia nada. Que ele só conseguia imaginar as histórias que já tinha ouvido, e nessas histórias a deficiência sempre era ligada a defeitos tristes, corpos quebrados e esperanças destruídas.

Quando penso nos meus Homens Favoritos do Reddit e em suas respostas à pergunta "Você namoraria uma mulher em uma cadeira de rodas?", fico chocada com as barreiras infelizes e desnecessárias que surgem em tantas respostas. *Só não consigo imaginar como seria.* Que planeta minúsculo você criou para você mesmo. Que forma limitada de experimentar o amor, a intimidade, a sexualidade, a parceria e a brincadeira. *Se eu não vi, será que é possível?* Claro que é. Você tem o poder de criar, imaginar, construir e reconstruir. Existem muitas outras histórias esperando para serem escritas.

Em vez da deficiência como limitação, que tal se a falta de imaginação fosse a verdadeira barreira? É nossa afinidade pelo familiar que nos prende. Nosso impulso de aderir ao que já veio antes. De nos manter no roteiro, seguir instruções, aderir às normas. Eu acho que imaginamos que isso vá nos deixar seguros. Mas a verdade é que, é claro, nunca estamos seguros. Na superfície isso parece pessimista, eu sei, mas há algo de libertador também. Excitante. Inspirador. Toda vez que abrimos nossos corações para outra pessoa, arriscamos tudo, e manter nossos corações fechados é a forma mais certeira de garantir a perda.

Fui muito mais rápida em saber que eu queria Micah na minha vida no longo prazo. Ele levou mais tempo, e isso doeu. Também pareceu coerente com sua abordagem cuidadosa da vida e, provavelmente, mais racional do que minha abordagem tipo "flash, bang, bum". Mas, mesmo depois que nós dois estávamos confortáveis em usar a expressão "para sempre" um com o outro, não estávamos certos se queríamos nos casar. Para mim, o casamento estava entrelaçado ao roteiro padrão da vida. Eu já tinha feito isso e tinha pulado fora tão rápido quanto a lei permitia. Casar significava uma cerimônia ostensiva na qual eu não me sentia presente ou real – era tentar caber em um papel que eu tinha visto diversas vezes em histórias que não me representavam. Como eu poderia guardar meu eu particular em uma estrutura tão poderosa, barulhenta e estabelecida quanto o casamento?

Ao mesmo tempo, eu me sentia desejando um ritual, um dia a ser marcado, uma cerimônia com testemunhas, um bolsão no tempo e no espaço para declarar intenções com essa pessoa milagrosa e comum de quem eu mais gostava. Haveria uma forma de construir nossa própria estrutura? De reimaginar o que duas pessoas poderiam ser uma para a outra? De limpar a folha e criar algo do zero? Precisávamos fazer isso como tínhamos visto antes ou poderíamos usar nossas manias e nossos ritmos particulares como guia?

De algumas maneiras, acho que minha deficiência foi a força que desmontou o modelo, para começar. Então, encontrei uma pessoa que já queria algo diferente também. Desde a forma como nossos corpos buscam um ao outro até as expectativas que temos para o futuro, somos abertos e curiosos. Juntos, usamos nossa folha em branco como um convite para brincadeira e imaginação.

Eu não queria um anel chamativo ou um pedido unilateral. Escolhemos um dia para reconhecer mutuamente o que a outra pessoa significava para nós e declarar nossa intenção de nos comprometermos com um projeto de construção imenso juntos. Fizemos convites de casamento que eram zines feitos de colagens a partir de recortes de revista e linha. Convidamos só as nossas famílias – as pessoas que nos conheciam desde que éramos pequenos e jovens, e que ainda estariam ali quando estivéssemos enrugados.

Não havia caminho até o altar na nossa cerimônia, e eu definitivamente não andei a lugar nenhum. Minha cadeira foi parte de todas as fotos, uma extensão de mim, uma parte do nosso romance. Meu vestido era curto, justo e todo de renda (e também foi comprado por sete dólares em um brechó três dias antes da cerimônia). Micah usou uma camisa de manga curta cor-de-rosa com estampa floral e uma gravata lavanda, e nós alugamos o terraço no topo de um prédio no centro. Pedimos a duas de nossas melhores amigas, Alyssa e Maren, para oficiar a cerimônia, a minha irmã para falar boas palavras em volta de nós e à irmã de Micah para nos dar uma bênção. Todos nos sentamos em círculo enquanto o sol se punha. Micah e eu escrevemos uma música juntos, que cantamos na cerimônia. É como uma canção de votos, mas é mais um lembrete do porquê escolhemos um ao outro. Uma música para termos na cabeça, cantarmos no banho ou enquanto cozinhamos, ou quando esquecermos por que estamos juntos. Uma música para retornar a nós, ano após ano.

Ontem de manhã, dormi até mais tarde que Micah. Eu sempre tenho mais sono que ele, e nos fins de semana ele acorda primeiro, alimenta os gatos chorosos ou lava a louça que inevitavelmente se empilhou durante a semana. Rodei para fora do quarto em um moletom enorme, com minhas grandes meias de lã e minha franja para cima como se eu fosse uma roqueira dos anos 1980. Nossos gatos cor de laranja mal-humorados estavam aconchegados no sofá ao lado dele, e a chuva estalava contra as janelas. Estendi meus braços para ele. Ele foi até mim e se sentou no meu colo, me amassando. Essa não é uma cena que foi coreografada em nenhuma história de amor que eu já tenha visto – fosse comédia romântica, drama ou outra coisa –, mas eu me aconcheguei no peito dele, senti seu cheiro e senti os músculos das costas dele (e, em algum lugar do mundo, as mentes minúsculas de Nossos Homens Favoritos do Reddit explodiram simultaneamente). Isso era o nosso espaço, a nossa história, o nosso amor. Fiquei ali por um bom tempo, saboreando a gente.

# 3.
## Mais que um defeito

"Hoje vamos falar sobre dois modelos de deficiência – o modelo médico e o modelo social." Estou falando alto, pronunciando cada palavra com precisão e cuidado e usando minhas mãos para empurrar ideias invisíveis pelo ar enquanto um grupo de formandos do ensino médio encontra lugares para suas mochilas, inclina-se para trás nas cadeiras e sussurra alto uns para os outros a respeito de qualquer evento importante que tenha ocorrido desde que eles se viram pela última vez, algumas horas atrás. Eu tento demonstrar que começamos ignorando o murmúrio e indo em frente.

Sentada na minha cadeira de rodas, fico na altura do olhar deles, e alguns precisam espichar seus pescoços para me ver conforme eu vou de um lado para o outro em frente à classe. "Quando falo em modelos de deficiência", eu digo, "quero que vocês imaginem que cada modelo é como um par de óculos diferentes que você usa." Eu coloco um par imaginário de óculos na ponta do meu nariz. "Um conjunto de lentes realça um conjunto particular de detalhes, enquanto outro revela algo totalmente diferente."

Enquanto eu estava na pós-graduação, realizei algumas palestras e apresentações sobre essas ideias para universitários e outros acadêmicos, mas essa é a minha primeira vez ensinando alunos do ensino médio, minha primeira vez dando uma aula focada em deficiência, minha primeira vez vendo um grupo de crianças cinco vezes por semana enquanto trabalhamos com esse material. Um mês depois de ter defendido minha tese em estudos da deficiência e não ficção criativa, consegui esse emprego como professora de inglês em uma escola particular de ensino médio. Eu não entrava em uma sala de ensino médio desde que tinha estudado em uma, mais de uma década antes, e nunca tinha estudado em uma escola que esperasse tanto de seus alunos. Eu estava corajosamente quebrando as regras não ditas da comunidade (não dê aos alunos do último ano um trabalho com entrega tão perto de suas inscrições na universidade, não escreva comentários de uma página inteira em boletins, não leve para o lado pessoal) e os valores silenciosos constantemente reforçados (ser bem-sucedido, vencer, aperfeiçoar, mais, mais alto, melhor, no topo!).

Em vez disso, meu espaço mental estava todo tomado pelo trabalho ao qual eu havia me dedicado durante os três anos anteriores – ler e respirar, escrever e sonhar com teoria da deficiência, trabalhando com textos que pareciam ter tanto poder sobrenatural para mim quanto a Bíblia tinha quando eu era uma adolescente fervorosa. Quando me formei, eu me via como a discípula escolhida que seguiria em frente e ensinaria às pessoas a Verdade que me havia sido dada. Eu estava confiante de que o capacitismo gritante que eu tinha sentido vivendo no mundo seria remediado facilmente por meio da educação. O problema era só que as pessoas não tinham recebido uma apresentação clara das informações certas. E veja só você, eu *tinha* essa informação! Estávamos tão próximos da revelação.

Um dos grandes atrativos da vaga era a possibilidade de eu criar meu próprio curso de um semestre para o último ano. Passei o resto do verão sonhando com isso – "Aleijados, aberrações e inválidos: o corpo marginalizado como visto nas histórias que contamos". Eu me maravilhei com minha grande sorte de encontrar um trabalho no qual eu poderia realizar meu propósito de forma tão direta. Sofri com os cortes na lista de leitura e elaborei as atividades perfeitas que permitiriam aos meus futuros alunos realmente experienciar o conteúdo do curso. Eu estava um pouco intimidada de dar aula para esse grupo particular de adolescentes. Nossa escola era conhecida por ter as pontuações mais altas em provas oficiais e por mandar os alunos para as melhores universidades. Fiquei preocupada que eles fossem devorar os estudos da deficiência rápido demais, que eu ficaria sem ideias para apresentar para reflexão.

"Então, o modelo médico e o modelo social: dois conjuntos de lentes que te mostram a mesma cena de formas diferentes. Uma lente, o modelo médico, é o conjunto padrão. É a forma como normalmente olhamos para a deficiência – a forma como temos olhado para a deficiência há muito tempo. Quando você olha por essas lentes, imediatamente vê o corpo com deficiência como um problema que precisa ser consertado." Eu mostro um slide com um rascunho de uma mulher em uma cadeira de rodas, sentada ao pé de um lance de escadas. Ela parece cansada e confusa. O cabelo dela está meio bagunçado. No fundo da minha cabeça, eu me pergunto se meus alunos me veem nessa imagem – impotente, indefesa, ineficiente –, mas não tenho tempo para refletir sobre isso. Eu não sou o ponto; o ponto é dar a eles novas ideias para experimentarem.

"Abordados pelo modelo médico, essa mulher e sua cadeira de rodas são o único problema que precisa ser consertado. Essa perspectiva se fixa nos defeitos do indivíduo. Talvez exista uma cura para as pernas dela. Talvez possamos pensar em uma maneira de deixá-la em pé para que ela possa subir as escadas. Ou talvez ela só devesse tentar encontrar outro prédio." Bato com a mão nas pernas ilustradas dela, minhas próprias pernas paralisadas abaixo das dela, no apoio da minha cadeira de rodas. Essa explicação parece fazer sentido para eles. O modelo médico parece óbvio. Que outra maneira existe de se olhar para isso?

"Mas o modelo social vê a cena de outra maneira", explico, animada para compartilhar a grande revelação, uma alteração de perspectiva que tinha mudado tudo para mim. "Em vez de se fixar na *deficiência* como O Problema, o modelo social foca a *experiência* da deficiência, o *contexto* da deficiência, os *ambientes* que criam momentos de deficiência. O modelo social olha para esta imagem e diz: 'Vamos mudar o foco da mulher na cadeira de rodas para o prédio com só um ponto de acesso. Que limitador!'. O modelo social diz: 'Vamos construir uma rampa! Um elevador! Vamos redesenhar esse prédio com menos escadas e, já que estamos aqui, vamos abrir essa planta!'." Estou quase cantando essa parte da aula, dando uma festinha na minha própria cabeça, saltando rapidamente por ideias que viveram nos meus membros e moldaram todos os meus dias de deficiência durante as últimas três décadas. *Isso não é divertido? Isso não muda sua vida?!*

No meio da minha euforia, olho de volta para os meus alunos. A atmosfera do grupo inteiro parece ter mudado sem que eu tenha notado. Vejo olhos apertados, rostos vazios, cenhos franzidos. Alguns deles parecem totalmente céticos. Meu coração começa a acelerar, então falo mais rápido. Eu não queria me trazer para a conversa, mas estou correndo atrás de algo que torne essas ideias mais tangíveis para eles. Uso um exemplo simples da minha vida e seleciono apenas os fatos mais básicos. "Certo, então, por exemplo: quando chego à escola, posso apertar um botão que abre a porta, pego um elevador para o terceiro andar e entro nesta sala, sem problemas. Tenho acesso completo aos espaços que preciso acessar. O que poderia ser uma 'experiência de deficiência' – a incapacidade de entrar num prédio – foi remediada, nesse caso." Eles continuam a me encarar sem nenhum sinal de que estão entendendo. "Isso faz sentido?", pergunto, tentando soar casual, esperando que eles estejam apenas escondendo todos os sinais de compreensão.

"É... mas... a deficiência ainda está ali. Não é como se ela desaparecesse", um menino diz. Noto como ele evita me relacionar à deficiência em si. Imagino a "deficiência" desencarnada flutuando acima de mim, então mergulhando para assombrar algum outro corpo inocente.

"Eu entendo o que você está dizendo." Concordo vigorosamente com a cabeça, querendo muito reafirmar qualquer tentativa deles de se envolverem com essas ideias. "Qual é seu nome mesmo?" Eu ainda estou conhecendo esses jovens, ainda tentando identificar todos os meninos de cabelo bagunçado na minha cabeça.

"Adam", ele diz.

"Adam! Isso mesmo." Adam, estrela do time de futebol. Adam, que dirige um carro esporte novo e brilhante para a escola. "Certo, então o Adam está levantando uma distinção importante entre deficiência e impedimento. Ele está certo, o impedimento nas minhas pernas ainda existe, independentemente de elevadores ou rampas. Elas não andam, não vão andar, nunca vão andar como as de vocês. E dor crônica complica isso também, certo? As limitações causadas pela dor não são necessariamente resolvidas tão facilmente com uma rampa na lateral de um prédio, e de muitas maneiras concretas, o impedimento que ela traz debilita de dentro para fora. Mas, por enquanto, vamos começar com o exemplo mais simples de uma pessoa paralisada indo até o terceiro andar de um prédio. Quando pego um elevador para nossa sala de aula, a necessidade de caminhar foi eliminada. Minha paralisia não é realmente um problema nesse contexto. Não estou limitada de nenhuma forma significativa desde que eu tenha uma rota acessível para chegar lá. Na verdade, nesse momento e nessa sala, nós todos estamos sentados – não existe nenhuma diferença significativa entre meu corpo e o de vocês." Os jovens parecem ainda mais confusos do que antes. Estou começando a me sentir como se estivesse dando uma aula sobre como a família real é um bando de lagartos imortais que mudam de forma. A incerteza que sinto em meus alunos me faz questionar a mim mesma. A resistência deles a essas ideias me desorienta.

Porque eles não estão totalmente errados. *Existe* uma camada da narrativa deles que faz sentido. Existem partes do meu corpo que parecem um problema que eu gostaria de consertar. Agora mesmo, digitando isso, estou em um dia de dor particularmente intensa e minhas pernas não param de ter espasmos – elas se repuxam e ficam tensas, endurecem e tremem –, e o computador em cima delas fica sacudindo. Se eu for ser totalmente sincera, viver com essa dor me enche de raiva. Eu venho trabalhando duro para encontrar uma forma de gerenciar esses sintomas e tudo isso – a dor, os espasmos, a busca por alívio – é exaustivo. Mas essa camada de verdade não é o que está em foco enquanto classe, porque é o padrão dominador. É muito mais fácil olhar para uma pessoa com deficiência e dizer: *Ela precisa de uma cura para poder caber no nosso mundo!* É muito menos comum, muito mais difícil, reconhecer: *Nós precisamos mudar nosso mundo para que caibam mais pessoas.* E aqui está a chave: quando sigo os fios mais dolorosos da minha história, quando recolho as memórias mais definidoras da minha vida, essas minhas pernas não são O Problema Mais Limitador. Pelo menos não da forma como quem vê de fora espera. Quando olho para trás e avalio as partes mais limitantes e doloridas da minha vida, ou mesmo, mais especificamente, as partes mais difíceis de se ter uma deficiência, não são só minhas pernas. São o estigma, o isolamento, o apagamento, a falta de compreensão, o ceticismo e a completa falta de acessibilidade. E essa parte – bem aqui – é o modelo social de compreensão do que é viver em um mundo capacitista quando você tem uma deficiência. Apesar de tudo isso, minhas pernas paralisadas são a única coisa que as pessoas veem de fora.

"Uma pessoa ou tem deficiência ou não tem", outro menino de cabelo bagunçado diz. O tom dele é mais duro que o da simples confusão. Ele parece irritado, talvez até hostil, e esse sentimento parece ecoar nos outros. Minha cabeça está girando com centenas de ideias, exemplos, cenários e perguntas para responder a essa simplificação comum, e, em um instante, elas se enroscam.

Eu não entendo. Se existe uma parte da população capaz de digerir teoria abstrata e experimentar formas alternativas de olhar para o mundo, eu espero que sejam as pessoas sentadas nesta sala de aula. Eles são membros de uma geração muito mais aberta a reconhecer a posição única de cada identidade, em uma idade tomada por um idealismo não examinado, um grupo distinto de jovens conhecidos por sua capacidade intelectual. Eu sou uma péssima professora? Ou só estou iludida? Minha conexão pessoal com esse material distorceu totalmente minha capacidade de pensar claramente sobre ele? Minha mente está girando, mas vinte pares de olhos estão sobre mim, todos esperando que eu me explique.

"Ok, vamos tentar uma coisa", digo, tentando manter minha voz animada e casual. "Imaginem que uma mulher surda que sabe língua de sinais entra em uma sala cheia de pessoas conversando em sinais. Nesse contexto, ela tem toda a capacidade de se comunicar com o grupo, fazer perguntas, expressar suas necessidades, fazer piadas. Agora, imaginem que vocês entram nessa mesma sala, com seus ouvidos que escutam. Alguém aqui sabe língua de sinais?" Eles fazem que não com a cabeça. "Então, quando vocês entram nesse espaço, *vocês* são as pessoas sem acesso, que não podem se comunicar e que ficam de fora, certo? A pessoa sentada na cadeira da 'deficiência' muda dependendo do contexto. Só acontece que a maior parte dos lugares é desenhada para que vocês acessem, mas poderia ser de várias outras formas."

"Mas a mulher nessa história ainda não consegue ouvir", Adam insiste. "Eu não vejo como ela não ouvir pode ser considerado qualquer coisa além de um déficit, um defeito biológico." A força da ênfase dele, o amargor do seu tom, me deixam sem ar. Eu estou ciente de que o ponto de vista de Adam é comum e que ele o herdou daqueles que movimentaram ideias assim muito antes de ele nascer – um legado do qual nenhum de nós escapou totalmente. Quase consigo sentir Alexander Graham Bell na sala conosco, propondo uma legislação que impediria "surdos--mudos" de se casar e se reproduzir, na esperança de que isso pudesse livrar a genética humana desses traços. Mas essa talvez seja a primeira vez que alguém defende essa posição na minha frente. Definitivamente é a primeira vez que isso é posto diante de mim em uma sala cheia de adolescentes, enquanto eu estou sentada com meu corpo "defeituoso" em frente aos meus slides cuidadosamente preparados. Talvez ainda mais dolorido que as palavras dele seja o silêncio do resto do grupo. Espero que alguém discorde dele ou faça mais alguma pergunta. Eles não fazem isso e, de repente, eu me sinto extraordinariamente sozinha e perigosamente vulnerável.

Quando reflito sobre essa conversa agora, a solidão original não dói tanto. Quer dizer, eu estava pedindo a um grupo de pessoas muito jovens para repensarem seu entendimento básico do mundo. É claro que seria complicado. A maior parte deles só tinha considerado a deficiência como uma tragédia catastrófica, um erro infeliz. A maior parte deles tinha pouca capacidade de imaginar o ganho que pode acompanhar a perda. A resposta deles a conceitos que são trabalhosos para muitos adultos inteligentes acabou machucando meus braços, mas eu os havia convidado para a briga sem usar armadura. Eu vinha vivendo em uma bolha acadêmica de deficiência e, sem perceber, sugeri furá-la em uma escola de ensino médio em meio a jovens que nunca tinham tido que confrontar essas ideias. Alguma merda ia aparecer.

Depois da aula, fui para casa desanimada, envergonhada e cheia de pavor pelos meses que viriam. Faltando apenas algumas horas do dia antes de ter que fazer tudo de novo, comecei a revisar freneticamente meu plano de aula para o dia seguinte. Se isso fosse um filme, esse seria o ponto em que passamos para uma montagem comovente, mas animadora no final. A música iria na direção de um crescendo vitorioso, com clipes mostrando o salto da confusão para a iluminação, da hostilidade para a alegria, da frustração para a paz. Depois de bater a cabeça contra a parede tentando se conectar com esse grupo de adolescentes, a professora com deficiência encontra a saída! Ela desmonta as barreiras deles, uma por uma, e dá vida à deficiência para seu grupo de alunos. Finalmente, depois de baldes de suor e lágrimas, ela observa os olhos deles se acenderem com um reconhecimento conquistado a duras penas. É, acontece que isso não é um filme.

Na vida real, nada nesse processo é coeso ou linear. Alguns alunos encontram momentos reluzentes de conexão, e então parecem perder o interesse. Alguns estão sempre em dia com suas tarefas, enquanto outros se tornam cada vez mais agitados e inquietos. Por isso, eu passo o resto do semestre jogando todo tipo de coisa contra a parede e esperando que algo grude. Vou do teórico e abstrato para o pragmático e cultural. Apresento o conceito de deficiência como uma identidade e, para o meu horror, um trio de alunos basicamente transforma a conversa em um levantamento de todas as formas como o mundo seria melhor se a deficiência fosse totalmente apagada da face da Terra. Eu sei que esse era um exercício teórico para eles. Para mim, eu juro, pareceu como ouvir escondida os futuros líderes do mundo enquanto eles criavam uma proposta para eliminar a minhacomunidade.

Assumo o que parece ser um risco e os convido para meu mundo pessoal por um dia. Talvez eu seja a barreira, e me ouvir contando minhas próprias histórias seja a conexão de que precisamos. Mostro a eles minha conta no Instagram e algumas das fotos e histórias que postei ali – fotos e histórias pensadas para complicar clichês tradicionais e convidar as pessoas a entrarem nas texturas mais íntimas da vida com deficiência. Isso torna alguns deles mais envolvidos, e outros ficam ainda mais na defensiva. Assistimos a filmes clássicos, trechos da Netflix, TED Talks. Passamos um tempo analisando *Como eu era antes de você*, um filme de 2016 que rendeu uma reação raivosa da comunidade de pessoas com deficiência ao reduzir a experiência da deficiência a um homem muito privilegiado e seu desejo simplificado de morrer em seu corpo tetraplégico em vez de se tornar um fardo para a mulher que ele ama. Lemos críticas articuladas e apaixonadas de escritores com deficiência a respeito das formas específicas como esse filme feriu a comunidade de pessoas com deficiência. Em resposta, leio vários trabalhos dos alunos argumentando que a comunidade de pessoas com deficiência deveria parar de reclamar de retratos ruins na mídia – *são só histórias!* Eles pesquisam algumas das desigualdades mais duras da comunidade de pessoas com deficiência. Alguns parecem tocados pelas injustiças profundas que descobrem, enquanto outros parecem desconfortáveis demais para olhar isso de frente. Lemos um livro lindamente estranho chamado *Geek Love*, a respeito de uma família ficcional de aberrações de circo, e a maior parte das reações me deixa chocada. (Quer dizer, entendi. É um livro encantador, mas estranhíssimo.) Na maior parte do tempo, eu estou me flagelando e eles parecem tão perdidos quanto eu.

Durante uma discussão sobre um capítulo do livro de Andrew Solomon, *Longe da árvore*, eu os convido a explorar a relação nebulosa entre doença e identidade. Solomon cresceu numa época em que muitas pessoas ainda consideravam ser gay uma doença. Mais tarde, já adulto e trabalhando como psicólogo e escritor, ele ficou impressionado ao encontrar semelhanças tocantes entre sua vida como um homem gay e a identidade e o orgulho vibrantes que encontrou na comunidade surda. Originalmente, ele via a surdez como nada além de um defeito. Uma perda. Quanto mais tempo ele passava com a comunidade surda, quanto mais escutava suas histórias, mais reconhecia algo familiar. Como a maior parte dos filhos gays de genitores heterossexuais, muitas pessoas surdas nascem de mães e pais que escutam. Assim como Solomon experimentou uma infância em que seus pais heterossexuais desejavam que ele fosse hétero, ele descobriu que muitas crianças surdas são encorajadas, ou até forçadas, a caber o máximo possível no mundo ouvinte de seus pais. É só mais tarde, com frequência na adolescência, que eles descobrem outros como eles e um sentimento de identidade na característica que os torna diferentes. "Pensei que, se a identidade gay poderia advir do homossexualismo, uma doença, e a identidade de surdo poderia advir da surdez, uma doença [...], então deveria haver muitas outras categorias nesse território intersticial complicado", escreve Solomon.[1]

"Não parece uma comparação justa", diz uma das meninas mais quietas da sala. Ela passa a maior parte dos dias desenhando rabiscos elaborados nas margens de seus cadernos ou olhando pela janela. Eu fico extasiada de ouvir a voz dela na nossa conversa.

"Definitivamente existem limites nessa comparação", digo. "Ser gay e ter uma deficiência não são a mesma coisa. Na verdade, existem muitos aspectos em que são fundamentalmente diferentes. Mas vamos falar disso. O que parece injusto nessa comparação?" O envolvimento dela com essa ideia parece frágil, e eu tento ser delicada. Não quero quebrar o fio que ela puxou.

"Bem, não existe nenhum motivo real para uma pessoa não querer ser gay. Não há nada de errado com isso", ela argumenta.

"Você está completamente certa, não há nada de errado em ser gay. Mas é interessante que seu argumento parta da premissa de que *há* algo inerentemente errado em ter uma deficiência." Faço uma pausa. Essa é a ideia que muitos deles não conseguem soltar. Tento outro ângulo. "Aqui e agora, nós podemos olhar para ser gay e reconhecer que não há nada de errado com isso. Mas, não muito tempo atrás, a maior parte das pessoas em nossa sociedade ainda comprava a ideia de que havia algo biológica, social, moral e até evolucionariamente errado em ser gay. Nós construímos um ambiente hostil para as pessoas gays viverem e então usamos essa dureza como evidência de que ser gay era um caminho inferior a seguir. Quando os pais de

---

[1]    Tradução retirada de SOLOMON, Andrew, *Longe da árvore: Pais, filhos e a busca da identidade*. São Paulo: Companhia das Letras, 2012. Nesse trecho, o autor, um homem gay, emprega intencionalmente o termo "homossexualismo" no intuito de compartilhar com o leitor seu desconforto por ter tido, num passado não muito distante, a homossexualidade enquadrada como uma doença. (N. E.)

Andrew Solomon desejavam que ele fosse hétero, parte disso era um desejo de protegê-lo de uma vida que com certeza seria mais difícil, não porque ele fosse inerentemente defeituoso, mas porque o mundo tinha sido construído para puni-lo. Quer dizer, pessoal, ser gay era considerado doença nos Estados Unidos até 1973. Vocês acreditam nisso? Muitos de seus pais nasceram antes disso. Seus avós já eram adultos, vivendo uma vida cercada por essa forma de pensar. As coisas mudaram em suas curtas vidas – quando vocês nasceram, não era legal, nos cinquenta estados deste país, se casar com alguém do mesmo sexo. Isso só foi acontecer, o quê, três anos atrás? Hoje, a maior parte das pessoas no nosso país vê ser gay como apenas mais uma forma de estar no mundo – outra identidade digna de celebração –, mas nem sempre foi assim. E ainda não é assim em muitos lugares."

"Tudo bem, sim, mas tudo isso é só ignorância", ela responde. "Pessoas preconceituosas tornando a vida mais difícil para pessoas gays. Ainda não existe nada de *inerentemente* errado em ser gay. Tipo, uma pessoa gay não é *defeituosa*. Elas literalmente só se sentem atraídas por gente do mesmo sexo. Ter uma deficiência é só algo no seu corpo não funcionando direito."

Aqui estamos, mais uma vez, exatamente onde começamos. Todo o meu corpo suspira antes de continuar. Para eles, era fácil ver o valor na cultura gay, na identidade gay, no orgulho gay. Eu me perguntava por que era tão difícil ver pelo menos uma fração desse valor na deficiência. "Essa é a questão, não é? É possível que a deficiência seja qualquer outra coisa além de um defeito? Se identidades são construídas em torno de características definidoras, a deficiência poderia representar outra forma de diferença digna de comunidade, celebração e identificação?"

Como meus alunos começam a guardar o material, eu falo mais rápido. "No mínimo, vale pensar na possibilidade da deficiência como uma categoria *neutra*, uma experiência com altos e baixos que não é diferente da de pessoas sem deficiência..." Eles quebram o contato visual, suas mentes já estão na próxima aula, repassando perguntas para a prova de física. "E falando nisso, vamos retomar essa discussão amanhã!", grito enquanto eles saem para suas próximas aulas.

Quando me lembro dessa conversa, gostaria de simplesmente ter dito: *um grupo é marginalizado porque a sociedade o marginaliza. A sociedade também tem o poder de mudar isso. O que significaria para as pessoas com deficiência se a sociedade nos visse como partes aceitáveis, iguais e valiosas do todo?* Embora seja um jogo impossível, estou tentando encontrar a combinação perfeita de palavras para abrir o cofre. Não tenho certeza de que existam palavras mágicas que possam quebrar toda a narrativa intricada e constantemente reforçada do capacitismo. Para isso é necessário tempo, experiência e um desejo de compreender, eu descobri. Conforme o semestre segue, eu com frequência sinto que os alunos estão simplesmente ficando mais presos às suas ideologias originais. A deficiência *só* pode ser uma perda, um defeito, um impedimento, um problema a ser resolvido ou eliminado. Não sei como sair desse ciclo.

Mas alguns momentos ao longo do semestre parecem vitórias. Os menores sinais de compreensão disparam sinos celestiais que podem durar dias: a tarde em que eu descrevo os protestos do Capitol Crawl, em 1990, que levaram à aprovação do Americans With Disabilities Act [Lei dos Americanos com Deficiência] e todos se perguntam por que nenhum deles já ouviu falar dessa parte da história dos Estados Unidos. A aluna que pesquisa a história da institucionalização e conclui sua apresentação com uma descrição incrível e sensível dos padrões mais amplos de exclusão e apagamento que cercam a comunidade de pessoas com deficiência. No dia em que temos uma conversa por Skype com a escritora, dançarina de pole dance, usuária de cadeira de rodas e autodeclarada "Ícone Sexual Internacional" Erin Clark, um aluno pergunta: "Você gostaria que existisse uma cura para sua deficiência?", e Erin responde honestamente, com reflexão crua, contradição consciente e uma rica complexidade, e meus alunos podem vê-la valsar graciosamente por essa área cinzenta sem a resposta fácil que muitos deles esperavam.

Por volta do meio do semestre, Adam estrela-do-time-de-futebol entra na minha sala. "Eu tenho tentado ter uma mente aberta nessa aula", ele começa, "mas eu não consigo me importar com nada do que estamos lendo ou falando. Quer dizer, nada disso tem nada a ver comigo nem vai importar para mim um dia."

Eu não sei que expressão meu rosto faz ou quanto tempo se passa antes que eu fale. Não fico surpresa por ele se sentir assim. Ele já deixou sua posição bem clara em todas as conversas e trabalhos. Mas fico chocada por ele não ter vergonha de dizer isso alto. Na minha cara. Quando comecei a dar essa aula, meses atrás, estava plenamente convencida de que ensinaria a essas crianças algumas das ideias mais empolgantes, valiosas, universalmente relevantes e revolucionárias que eles já tinham encontrado. Eu podia ver um novo futuro no horizonte, e nós íamos construí-lo juntos, com educação, colaboração, imaginação e cuidado.

Foram dois segundos de silêncio? Vinte minutos? Não tenho certeza. "Bem, Adam", digo finalmente. "O fato de que você tem um corpo significa que essa aula é relevante para você."

"É... mas eu não tenho um corpo *com deficiência*." Ele fala devagar, metodicamente. Ele parece confuso por eu não ter notado esse detalhe tão óbvio.

"Você tem um corpo que encontra algum tipo de acesso ou limitação o tempo todo", insisto. Consigo ver isso de onde estou. Embora eu esteja menos certa de quais sejam as limitações dele, consigo ver os prédios e trilhas, os caminhos profissionais e as representações midiáticas que foram construídas na mente dele. "Isso não te interessa?"

"Não, não de verdade."

Então ele se cala.

Ele parece tão confuso comigo quanto eu com ele. Ele continua a resistir, eu continuo a responder e nossa conversa não vai a lugar nenhum. Então escolho outra abordagem. "Certo, me deixe perguntar uma coisa." Se ele realmente não consegue achar nenhuma maneira de se conectar com esse conteúdo, talvez possamos pensar nisso pelo ângulo oposto – talvez ele possa encontrar a curiosidade para entender um grupo cujas vidas são consideravelmente diferente da sua. Talvez o objetivo deva ser oferecer um cenário no qual ele possa praticar se importar com pessoas que ele percebe como categórica e completamente diferentes dele. "Se estivéssemos lendo histórias a respeito das experiências de pessoas indígenas neste país, você se sentiria mais atraído?"

"Não, na verdade não", ele diz. Uau, esse garoto não tem nenhuma vergonha.

"Experiências de mulheres?", pergunto.

"Bem, sim. Eu me importaria com isso."

"Por quê?"

"Mulheres são parte da minha vida", ele diz.

Ok, esse garoto está brincando comigo? Ou está fazendo essa ginástica mental no seu próprio cérebro? Está se esforçando tanto para fingir que pessoas com deficiência não são parte do seu mundo – nunca poderiam ser parte do seu mundo – quando literalmente tem aula com uma mulher com deficiência com a qual ele está fazendo contato visual direto neste momento. Eu nunca vi alguém se esforçar tanto para não se importar.

Naquele semestre inteiro, sinto que estou tentando subir com meu carro por uma ladeira lamacenta. Não importa o quanto eu pise no acelerador, gire o volante ou dê ré, meus pneus só ficam girando no lugar, afundando cada vez mais na lama escorregadia.

Há alguns momentos – trocas, expressões, trabalhos – que me estimulam. Tento me concentrarr no único aluno fazendo contato visual em uma aula ou nos pequenos sinais de compreensão no terceiro parágrafo daquele trabalho. Uma tarde, Sophia fica depois da aula. Ela é uma das garotas que está sempre sorrindo e assentindo para mim durante a aula, mesmo nos dias em que quase todos os seus colegas estão no celular ou fazendo a lição de outra aula. Hoje, enquanto ela guarda lentamente seu caderno e suas canetas na mochila, ela me conta quão devastada ficou com uma cena de *Good Kings, Bad Kings*, de Susan Nussbaum (sem spoilers, mas é sobre um grupo de jovens com deficiência que moram juntos em uma instituição, e o livro não foge da mais dura realidade de se ser pobre e ter deficiência). Sophia não é a primeira pessoa a se sentir angustiada com essa cena em particular, mas a angústia dela parece estar em um lugar diferente. Diferente de muitos garotos que chegaram à aula chocados por terem sido submetidos a um livro com conteúdo tão horrível, Sophia parece chateada porque a cena representa a experiência de seres humanos que vivem em nosso mundo. Eu expresso o mesmo para ela. Estou tentando enfatizar a beleza na empatia dela, mas estou certa de que parte do meu cansaço com a apatia geral da sala transparece.

Sophia para. Parece que ela está decidindo o que responder, e fico imediatamente desconfortável. Não quero que ela absorva meus sentimentos a respeito do peso enorme da indiferença na nossa sala de aula, então começo a tagarelar sobre o livro, e Sophia me interrompe.

"Dra. Taussig", ela diz, me olhando bem nos olhos. "Eu amo esta escola e as pessoas aqui, mas os nossos mundos podem ser bem pequenos. Precisamos de conversas como essas."

O reconhecimento dela me deixa sem fôlego. Ela não diz que todos os conceitos que discutimos em aula fazem sentido imediato e perfeito, e eu sei que pelo menos parte desse curso foi desconfortável para ela. Em vez disso, ela insiste que compreender a experiência da deficiência é digno de nosso tempo e energia – um sentimento que está a mundos de distância do desinteresse determinado de Adam.

Mesmo com lampejos e fagulhas de alunos curiosos que querem explorar e compreender – mesmo com o poderoso reconhecimento de Sophia –, ir para a escola todo dia começa a me dar a sensação de mergulhar em uma piscina gelada. Meu corpo fica tenso antes de cada conversa. Prendo a respiração, tentando só sobreviver. Cinco dias por semana, oito horas por dia. Não há distância, amortecedor ou alívio nessas trocas.

Depois de uma discussão particularmente brutal com uma das minhas salas, vou a uma loja de antiguidades com Micah. Nós já estivemos lá diversas vezes, e normalmente é uma distração alegre. Nesse dia, todo o espaço parece alterado, como se eu tivesse engolido uma pílula que deixa tudo à minha volta com uma aparência desbotada. Conforme passo pelas fileiras abarrotadas de livros velhos e lâmpadas engraçadas, por grupos de amigos experimentando chapéus e grupos de mulheres espiando preços através de lentes bifocais, sinto os comentários dos meus alunos pulsando nas pessoas: *a deficiência não é nada além de um defeito. O mundo seria melhor se a deficiência fosse removida dele.* Antes eu poderia ter me perguntado, mas agora tenho certeza: isso é o que todo mundo pensa, o que todo mundo sempre pensou. Nós últimos anos eu vinha vivendo em uma bolha acadêmica, mas meus alunos confirmaram o que eu instintivamente sempre soube. Eles tinham erguido a cortina e revelado um mundo que não queria nada comigo. Eu me sinto ansiosa e instável, indesejada e no meio do caminho. Não consigo aquecer o frio que baixou sobre meus ombros. Quero me esconder. Parar de tentar. Me enterrar nos cobertores e em uma maratona de *The Great British Bake Off.*

Naquele semestre, as vozes céticas da sala me engoliram inteira, mas a distância também me permitiu reconhecer todos os alunos, como Sophia, que estavam dispostos a imaginar e explorar esse espaço comigo. Embora tenha sido difícil mantê-los no meu campo de visão na época, agora guardo as lembranças desses jovens com gratidão e esperança. É quase vergonhoso lembrar com que facilidade eu me perdia dando essa aula. Quão pouca reação eu conseguia aguentar antes de duvidar dos meus trinta anos de experiência em primeira mão, do meu doutorado em estudos da deficiência. Eu tinha mergulhado nisso com a maior ingenuidade, sem preparo para a dor de ensinar um material com um peso pessoal tão grande para um grupo de adolescentes, a maioria dos quais não tinha pensado mais do que trinta segundos a respeito de deficiência em seus dezessete anos na terra; todos eles consumidos por inscrições em faculdades, várias outras aulas e uma série de atividades extracurriculares; nenhum dos quais havia se matriculado nessa aula por escolha.

Hoje é muito mais fácil de enxergar: quando apresentei meus alunos aos modelos social e médico de deficiência pela primeira vez, naquela tarde no início do semestre de outono, não estava ensinando a eles algo que tinha tirado do currículo padrão. Quando trouxe a eles personagens e escritores com deficiência para serem analisados, não estava juntando ideias encontradas em um blog a respeito do ensino de inglês. Como uma criança trazendo um punhado de tatus-bola que encontrou enterrados embaixo da pedra mais pesada do quintal, mãos abertas aninhando seu delicado tesouro, eu estava compartilhando com eles algumas das ideias mais pessoais e revolucionárias que eu tinha juntado de meu tempo na pós-graduação e da minha vida inteira. Eu não tinha percebido a ternura colocada no meu treinamento acadêmico, e eles, é claro, não tinham como compreender todas essas frágeis camadas.

Quando eu estava no doutorado havia quase um ano e prestes a largar a coisa toda, li meu primeiro texto de estudos da deficiência. Estava sentada em minha poltrona horrorosa de veludo verde, cansada da linguagem acadêmica, desiludida com quão pouco tudo isso parecia importar, completamente desinteressada por aquelas ideias rígidas e velhas pelas quais eu estava sacrificando sono, estabilidade financeira e meu bem-estar para estudar, quando abri um e-mail de um amigo que tinha me enviado um anexo que achou que pudesse me interessar – a introdução de Lennard Davis "Disability, the Missing Term in the Race, Class, Gender Triad" [Deficiência, o termo que falta na tríade raça, classe, gênero] (de seu livro *Enforcing Normalcy: Disability, Deafness and the Body* [*Reforçando normalidade: deficiência, surdez e o corpo*]). Na superfície, esse título cantava a mesma canção pomposa dos vinte outros artigos que eu tinha lido naquele mês (por que tantas listas de três itens e tantos dois-pontos, academia?). Ao mesmo tempo, só ver a palavra "deficiência" em um título acadêmico com tal autoridade me atiçou. O texto tinha sido publicado quando eu tinha 9 anos de idade e aqui estava eu, vinte anos depois, baixando-o no meu computador.

"Deficiência", eu li, "não é um objeto – uma mulher com uma bengala –, mas um processo social que envolve intimamente todas as pessoas que possuem um corpo e que vivem no mundo dos sentidos." Fiquei chocada. O que ele estava dizendo? Era como se eu tivesse passando anos representando meu papel em uma elaborada performance, me contorcendo sob um holofote implacável que eu nem sabia que estava lá, cozinhando sob o calor de uma única lâmpada, incapaz de ver além das minhas pernas paralisadas. Isso não era só a vida? De repente, o holofote se moveu para minha esquerda e eu consegui ver o cenário atrás de mim, as cadeiras à minha frente. O que era essa sensação? Esse alívio? A deficiência não sou só *eu*? Localizada nas minhas pernas magrelas que se arrastam em vez de se levantar? Carregada nas cicatrizes que descem pela minha espinha e pelas laterais dos meus quadris? Deficiência é algo que se estende para além de mim? Que envolve todo mundo? Essa foi minha primeira experiência ouvindo alguém descrever forças que tinham permanecido completamente invisíveis e altamente poderosas durante toda a minha vida. Eu sempre tinha sentido que havia pessoas na plateia, outros atores no palco e um cenário elaborado, mas ninguém mais confirmava que eles existiam, então eu tentava ignorá-los.

Eu engolia as palavras conforme ele continuava: "o objeto dos estudos da deficiência não é a pessoa que usa cadeira de rodas ou a pessoa surda, mas o conjunto de processos sociais, históricos, econômicos e culturais que regulam e controlam a forma como pensamos sobre o corpo e através dele". Essas palavras causaram um arrepio no meu rosto, ombros, braços e através dos meus poros. Elas me pegaram no fundo da garganta e brotaram pelo meu canal lacrimal. E se eu não fosse só uma versão quebrada de uma pessoa inteira? E se eu não fosse "o problema", o fardo, a coisa a ser consertada? Eu conseguia sentir a física do universo se movendo ao meu redor. Esse era meu próprio momento *Show de Truman*, só que a grande revelação trouxe consigo alívio e poder.

Meu cérebro estava aceso, meu coração, disparado, eu não conseguia desacelerar, só continuei devorando as palavras até dar de cara com uma história que me fez parar. Davis explicava que o "impulso" de encarar, afastar, apagar ou erradicar o corpo com deficiência não era um traço humano inato. Não é nenhum tipo de instinto profundo de "sobrevivência do mais forte", desenhado para nos manter vivos. Em vez disso, ele argumenta que essa reação à deficiência é aprendida. Para ilustrar, ele conta uma história:

> Uma aluna me disse que sua mãe não tinha dedos em uma mão. Quando criança, ela nunca havia considerado isso particularmente estranho e sempre ficava surpresa quando outras pessoas encaravam a mão da mãe dela. Para ela, era uma mão amorosa que lhe fazia carinho e a respeito da qual ela podia fazer piadas, que ela podia beijar ou segurar. O ponto não é que ela estava habituada ao que outros poderiam considerar um horror, mas que ela não tinha recebido a instrução para rejeitar essa mão.

A imagem foi como um soco no meu estômago. Reconheci a intimidade entre a criança e a mão da mãe. Eu a sentia em meus próprios ossos. A familiaridade abriu uma válvula que estava segurando minhas lágrimas, e uma vez que isso começou, eu não conseguia parar. Esse conforto, esse afeto, essa segurança entre o corpo com deficiência e aqueles que o amam era um sentimento que eu já tinha sentido antes, muito tempo antes. Aquilo era o que eu tinha com a minha família, com meus irmãos, uns em cima dos outros como filhotinhos em uma caixa. Eu de quatro no nosso quintal, me arrastando para a cama de cima do beliche, sentada com minhas pernas viradas em direções inesperadas – para os irmãos que cresceram comigo, eu sempre fui simplesmente Rebekah: a irmãzinha deles que falou como bebê por tempo demais, que monopolizava o açucareiro no café da manhã e que arranhava os joelhos engatinhando pela vizinhança. A memória dessa aceitação fácil e total me esmagou. Ainda esmaga – fechar os olhos, senti-la como um presente e saber que não existe forma verdadeira de voltar àquele lugar exato.

Naquela noite, Lennard Davis me guiou em minha introdução ao modelo social de deficiência ponto a ponto. Em um processo que pareceu um passe de mágica verdadeiro, as palavras dele se tornaram uma ferramenta que eu podia usar para desmontar algumas das narrativas mais firmes que haviam ditado minha autopercepção, minhas escolhas de vida, minhas interações com as pessoas ao meu redor. Eram histórias que haviam sido reforçadas durante toda a minha vida, histórias que haviam me enterrado no mesmo quadro mental no qual meus alunos se viam tão confortáveis, as perspectivas que tinham feito um trabalho tremendo para, silenciosa e constantemente, colocar os rótulos de Defeituosa, Fardo, Intrusa e Problema em volta do meu pescoço. O modelo médico havia me ensinado desde sempre e com constância que meu corpo – minha presença em qualquer espaço – era um objeto para se tentar compreender, cutucar para estudo, empurrar para as margens e tentar consertar.

Os modelos médico e social de deficiência não são teóricos para mim. Eles fazem parte dos meus dias tanto quanto a gravidade ou a Netflix. Estão sempre, sempre lá. Eu esperava que meus alunos sentissem isso comigo, acessassem essas teorias da mesma forma que eu, experimentassem com elas as mesmas sensações. É claro que isso nunca iria acontecer. Não poderia acontecer. E se eu soubesse das minhas expectativas, poderia ter me preparado para isso. Mas eu não tinha percebido o quanto as minhas histórias mais vulneráveis estavam entrelaçadas a esses modelos teóricos até que tentei ensiná-los. Sentada na frente daqueles garotos, apontando para slides com listas de definições, eu também carregava cicatrizes pessoais infligidas durante toda uma vida pelo modelo médico. Eles viam uma definição a ser anotada no caderno, mas para mim o modelo médico não era só uma ideologia teórica. Eu o tinha absorvido em meu próprio corpo. Tinha acreditado nele mais do que qualquer um.

Eu não tinha certeza se conseguiria dar uma aula sobre estudos da deficiência de novo. Meu primeiro semestre havia provado o quão difícil podia ser reconhecer e valorizar um entendimento dessas duas lentes, e mais ainda praticar o olhar através delas. Embora eu ainda acreditasse que brigar com essas ideias em uma sala de aula era um trabalho vital, não estava certa de ter a resistência para um segundo round.

No último dia de aula, menciono que esse pode ser o último semestre em que eu trabalho esse material com alunos, e alguns deles parecem surpresos, o que me chama a atenção. É minha primeira dica de que eles não entendem de verdade o que essas aulas têm sido para mim. Realça como nossa experiência desses meses juntos foi diferente. Assim como eles nunca vão conseguir entender como foi para mim vivenciar nossas conversas, estou certa de que nunca vou saber o que eles tiraram da aula. Mas com frequência me pego pensando: será que alguma de nossas discussões ou leituras vai voltar a eles conforme crescerem, tiverem mais experiências, interagirem com mais pessoas, ganharem alguma distância da infância, tiverem seus próprios filhos? Será que eles se surpreenderão com as perspectivas que são capazes de oferecer em conversas a respeito de representatividade ou atendimento médico? Eles sequer se lembrarão onde essas ideias brotaram pela primeira vez?

Uma das outras professoras de inglês com quem trabalho diz que as mãos dos professores estão cheias de sementes, e que nós passamos nossos dias jogando-as em uma calçada de concreto, sem saber quando ou como uma dessas sementes vai criar raiz ou que planta pode começar a abrir caminho por entre os vãos. Ainda não decidi se acho essa imagem consoladora ou não.

O que sei é que ser o único corpo com uma deficiência visível em uma sala com adolescentes de 17 ou 18 anos enquanto tento persuadi-los a se importarem com a escola e mais ainda com as experiências e a representação real de pessoas com deficiência – desafiando tudo que eles acham que entendem a respeito de corpos, normas e identidades – é uma receita para o desconforto. Para todos nós. Aprendi que desmontar o capacitismo pode ser um processo violento, e ser testemunha sentada na primeira fileira pode significar que alguns dos golpes podem acabar sobrando para você. Vi meu próprio idealismo secar nesse espaço e senti sua perda. Também sei que o desconforto pode ser um sinal de crescimento. E acho que crescer vale o desconforto. (Normalmente? Até certo ponto?) No final, apesar da escuridão e da perda, do esforço e dos hematomas, vejo que cresci, e não acho que eu tenha sido a única.

Então, como uma pessoa totalmente imprudente que não pode ter perdido todo o seu idealismo, decido tentar dar essa disciplina de novo. Dessa vez, porém, faço alguns ajustes fundamentais. Ofereço intencionalmente mais pontos de conexão possíveis para os alunos. Cuido para me proteger um pouco mais. Em vez de focar exclusivamente o corpo com deficiência, expando o currículo e olho também para os roteiros rígidos que escrevemos para outros corpos, como corpos não binários e corpos gordos. Uso os modelos médico e social de deficiência como ferramentas para investigar um conjunto mais amplo de questões e explorar a noção de "curas" e "consertos". Faço perguntas como: quanto do corpo humano queremos curar? O que deve ser consertado e o que deve ser deixado em paz? Qual o propósito de se categorizar corpos, e o que perdemos quando fazemos isso? O que perdemos quando nos fixamos em uma cura? A saúde física é mais importante do que o bem-estar, a saúde mental ou o orgulho de uma identidade? O que é normal, e será que esse é um objetivo ideal?

No primeiro dia de aula, pergunto ao grupo se eles têm alguma ideia do que essa matéria vai tratar. Ninguém tem. *Lá vamos nós!* Eu me preparo para outro semestre de alunos desinteressados e pouco envolvidos.

Durante as primeiras semanas do semestre, dou a eles uma série de artigos da seção sobre deficiência do *New York Times*, por alguns escritores com deficiência refletindo sobre o que "cura" significa para eles. De início, nossas conversas parecem uma gravação do semestre anterior. *É tonto rebater uma cura que tornaria a vida de todo mundo muito melhor. As pessoas com deficiência não deveriam se sentir ameaçadas pela busca de uma cura, elas não precisam usá-la se não quiserem, então por que elas se importam?*

Então, sem nenhum incentivo e aparentemente do nada, um dos meus alunos leva a conversa para um lugar muito pessoal. Ele conta a história de ter sido diagnosticado com Transtorno do Déficit de Atenção com Hiperatividade (TDAH). Ele fala de medicação e identidade. Descreve como é estar no cérebro dele, hora por hora, os desafios únicos que isso traz, mas também a alegria e a abundância. A história dele traz vida à nossa discussão. Ela também atrai mais histórias.

Rapidamente descobrimos que quatro outros alunos, em nossa classe de catorze, também foram diagnosticados com TDAH.

Todos começam a contar suas próprias histórias, de como foi serem diagnosticados, de como é estar em seus corpos. Alguns expressam um sentimento de orgulho e identidade por terem TDAH, enquanto outros dizem que é totalmente insignificante para a noção que fazem de si mesmos. Alguns dizem que nunca tomariam remédios para isso, enquanto outros dizem que a medicação mudou suas vidas. Nossa conversa invade a aula seguinte e precisamos nos arrancar para fora dela. Nem todo mundo participa, mas para a maior parte do grupo, descobrimos muito mais coisas para perguntar e compartilhar. Isso se torna o padrão da aula. Sempre ficamos sem tempo de explorar mais.

As últimas semanas do semestre são as minhas favoritas, porque peço aos alunos que investiguem sozinhos as ideias descobertas na aula. "É a vez de vocês interrogarem esse impulso que temos de patologizar e consertar alguns corpos e acomodar outros. Onde mais vocês veem isso acontecendo? Que padrões vocês notam ao redor?" Eles voltam com tanta coisa – mais corpos, mais conexões, mais questões. Eles perguntam: *Como a retórica dita a forma como olhamos para a gordura? O que nos motiva a buscar cirurgia plástica, e isso é ruim? Maquiagem é um meio de empoderamento? A indústria cosmética reforça crenças na insuficiência dos nossos corpos? Como navegamos o campo nascente da terapia genética e dos "bebês modificados"? Quem decide quais traços são dignos de serem propagados? E como?*

Não sei como medir o que esse grupo vai levar consigo de nosso tempo juntos. Não faço ideia se eles vão se lembrar dos modelos médico e social de deficiência quando pisarem em campi universitários no ano seguinte, se alguma dessas ideias vai voltar a eles quando forem votar em suas primeiras eleições ou quando conseguirem seus primeiros empregos. O que sei é que exploramos um monte de coisa juntos. Que andamos em uma montanha-russa para repensar algumas das crenças mais entranhadas que nós, como cultura, carregamos. E isso não é pouca coisa.

Não vou dar essa matéria de novo por um tempo. Estou pronta para tomar alguma distância, tentar algo novo. Mas, algumas semanas atrás, com minha turma de inglês do nono ano, estávamos trabalhando com um livro quando comecei a notar que os modelos social e médico de deficiência parecem relevantes para a história, então decido dar essas lentes para esse grupo de crianças de 14 anos. Por que quem sabe que planta pode começar a surgir nos vãos? Adaptei meus slides para serem um pouco mais acessíveis para o nono ano, contei mais histórias, usei a mesma imagem da mulher no pé da escada e não esperei que a informação transformasse as almas ou o mundo deles. Eles escutaram com atenção, fizeram o melhor que podiam para aplicar isso ao livro que estávamos lendo, e a maior parte não pareceu entender o contexto maior.

E então... Três dias depois, Claire me chama enquanto a classe está se acomodando. Ela é uma pilha de nervos. Normalmente tenta usar o celular escondido durante a aula ou não consegue parar de conversar com qualquer humano que esteja sentado ao seu lado, especialmente quando estou passando instruções. Em outras palavras, não se destaca como uma criança que eu esperaria que fosse lembrar muita coisa de sua aula de inglês.

Hoje ela diz: "Dra. Taussig! Eu vi essa propaganda e me lembrei do que você estava falando para nós outro dia".

"Ah é?", digo, tentando ao máximo escutar enquanto anoto a presença. "Que propaganda?"

"Era dessa coisa de controle adaptado?", ela diz. "Não tinha tantos botões e era liso e tinha todas aquelas crianças com deficiência jogando videogame com ele, e era bem o que a gente estava falando."

De repente, esqueço da chamada. "O controle adaptado de Xbox?", pergunto. A pobre Claire acabou de se tornar minha razão para ensinar, a realização da minha vida, minha coisa favorita no mundo.

"É, é!", ela diz.

"Claire! Esse é um exemplo perfeito do que estávamos falando!" Sinto vontade de abraçá-la, e talvez eu comece a chorar bem ali. "Quer dizer, em vez de só concluir que videogames não são para pessoas com deficiência, eles mexeram na estrutura para convidar mais pessoas para o jogo! E o controle adaptado faz com que jogar videogame seja muito mais acessível para muito mais pessoas, certo? Pessoas idosas ou pessoas com menos coordenação ou alguém que está ainda aprendendo a jogar!"

"É. Só me lembrou do que você estava falando", ela diz, sem a minha intensa surpresa e talvez um pouco impressionada pelo meu entusiasmo completo e exagerado, mas estou bem com isso, porque vejo uma folhinha verde abrindo caminho pelo concreto.

# 4.
## Os verdadeiros cidadãos da vida

Não acho que eu fosse a única pré-adolescente obcecada em imaginar minha vida de adulta. *Como vou ser? Onde vou morar? Quantas damas de honra vou ter e como vai ser meu vestido de casamento?* Vivendo em um mundo pré-Pinterest, eu recortava fotos de revistas que me ajudavam a imaginar minha linda vida futura – fotos de noivas felizes e mulheres sofisticadas com cabelo brilhante e homens lindos com ternos bem ajustados – e colava essas fotos na porta do meu armário, prendia-as na moldura do meu espelho e as colava em painéis que eu marcava com canetas em gel prateadas.

Uma sequência elaborada de fantasia está registrada no meu diário. Aqui vão os detalhes básicos do meu mundo de sonho de menina de 13 anos: eu tenho cabelo comprido e brilhante. Moro sozinha em um apartamento com todos os produtos de cabelo e maquiagem que já desejei ter, incluindo loção em spray e xampu cheiroso que custa muito caro. Tenho um guarda-roupas cheio de saias lápis chiques e blusas de seda para usar no trabalho. Trabalho em algum escritório com vista para uma cidade genérica fazendo alguma coisa criativa que me mantém muito ocupada, mas de uma forma realizadora. Tenho um namorado chamado Nathan que me liga para saber se posso sair do escritório para um almoço rápido, mas estou ocupada demais com uma série de projetos vagos, então em vez disso ele se oferece para me levar para jantar (em um lugar chique, é claro). Chego atrasada ao jantar, porque sou muito ocupada e importante, mas Nathan espera de qualquer forma, porque ele me ama muito. Nós nos divertimos de maneira imprecisa no jantar, e então Nathan me deixa em casa com uma sacola de produtos da Bath & Body Works que vou usar... sozinha?

Em todas as cenas, existe um pequenino detalhe: meu corpo não tem nenhum sinal de deficiência. Durante tudo isso, a Rebekah adulta caminha graciosamente pela rua e sobe as escadas para seu apartamento chique.

Talvez o que mais me choque nessa fantasia é que nunca me pareceu tolo ou irreal apagar a mecânica fundamental do corpo no qual eu vivia. Aos 13 anos eu já tinha uma deficiência permanente e, ainda assim, eu me sentia compelida a saltar por cima desse fato imutável para poder sonhar com uma vida de trabalho realizador e adoração masculina. *Por quê?*

Sem ter as palavras na época, esse era o universo como eu o entendia: de um lado, havia os Verdadeiros Cidadãos da Vida – as pessoas para quem todo esse planeta foi construído, que eram bonitas, capazes e desejadas. Eram essas as pessoas que se apaixonavam, tinham carreiras, famílias, drama na escola e histórias para contar. Elas eram dignas de ciúme, canções de amor e papéis principais. Eu sabia quem elas eram porque suas imagens enchiam cada tela, cada página de revista, cada outdoor, cada capa de CD. Elas populavam séries de televisão, filmes e videoclipes. Eram o elenco de *Uma galera do barulho*, *Friends* e *Dawnson's Creek*. Eram as Spice Girls e os Backstreet Boys. Eram Jack e Rose, Allie e Noah. E havia eu.

Internalizei meu papel cedo e continuei a ser lembrada dele constantemente. Com o tempo e a experiência, aprendi que o melhor que eu tinha a oferecer à sociedade era inspirar os Verdadeiros Cidadãos da Vida ao sorrir nos cantos, alegre apesar da minha cadeira de rodas. Eu era uma ferramenta para mantê-los gratos e motivados a aproveitar seus dias. Eu estava aqui para dar a eles as pepitas mais preciosas de sabedoria, tipo como viver a vida da melhor forma possível – para dar a eles uma oportunidade de provar que realmente eram boas pessoas. Eu não estava aqui para me apaixonar, me tornar mãe, fechar um acordo, resolver o caso, oferecer sex appeal, salvar a donzela ou ser presidente. Se eu me esquecesse do meu papel – mesmo que só por um momento – ou tentasse fazer um teste para outra posição na história, sempre havia outro personagem ali para me cutucar e me mandar de volta para aquele pequeno pedaço de fita adesiva no palco que marcava meu lugar.

Conforme fui envelhecendo, pude ver ainda mais claramente – a performance elaborada, com papéis designados que nós, enquanto cultura, representamos juntos. A maioria de nós aprende a representar seu papel conforme vive. Prestamos atenção às deixas, observamos como outros personagens interagem conosco, vemos o que acontece quando pisamos fora de nossos papéis designados e, logo, aprendemos os parâmetros precisos dos personagens que representamos nessa história. Alguns de nós recebem papéis como Verdadeiros Cidadãos da Vida, e nos esforçamos muito para manter esses papéis brilhantes, mortos de medo de perder nossas posições, ou ansiosos porque os outros estão prestes a descobrir que somos fraudes. Ou alguns de nós mal notam que o papel nos foi dado. Que outro papel poderíamos ter? A maioria não é aceita para esses papéis proeminentes e é enviada imediatamente para as margens.

Por um bom tempo, eu realmente pensei que fosse a única do lado de fora. Levei algum tempo para notar que outras pessoas – muitas outras – estavam ali comigo. Aqueles de nós que representam papéis secundários aprendem a caber em caixinhas nas quais dão o seu melhor para viver sem que nenhum braço fique pendurado para fora.

Quando eu tinha cerca de 17 anos, uma carteira de motorista recém-plastificada e um novo (para mim) Buick Century 1993 branco, adaptado com simples controles manuais, dirigi sozinha até a livraria. Com uma facilidade ensaiada, tirei minha cadeira de rodas do carro, prendi as rodas, saltei para ela e me senti capaz e casual enquanto atravessava o estacionamento na direção da porta. Quando cheguei, um homem e uma mulher já estavam abrindo o primeiro conjunto de portas da loja. Agradeci a eles e fui para o segundo conjunto de portas, aonde naturalmente cheguei primeiro. Alegremente, abri o segundo conjunto de portas para eles, devolvendo a cortesia que eles tinham me feito. Quando o casal passou, ouvi a mulher murmurar, não tão baixo: "Ela é uma coisinha orgulhosa, não é?". Senti a pontada e me peguei rindo, surpresa. *O que tinha sido aquilo?* Mesmo antes de ter as palavras, eu sabia: eu tinha saído da linha. Tontinha! Eu vinha operando sob a crença de que eu poderia ser a protagonista independente, caminhando alegremente por sua história, mas eu já tinha recebido meu papel de Garota Frágil que está aqui para reafirmar para os Verdadeiros Cidadãos da Vida que eles são um casal atencioso oferecendo uma mão amiga.

Perto dos meus 30 anos, eu me mudei para uma casinha com dois gatos ranzinzas, e Micah se mudou para lá pouco depois. Talvez um ano depois, depois de nos ver vivendo juntos mês após mês, meu vizinho nos parou a caminho do cinema. "Então, eu preciso perguntar. Vocês são irmãos?" Ele parecia genuinamente confuso, o que eu imagino que faça sentido, considerando que ele tinha nos visto de mãos dadas, nos beijando e flertando durante os doze meses anteriores. Enquanto eu estava ocupada vivendo minha vida como a estrela do meu próprio romance, ele tinha estado ocupado tentando entender qual narrativa fazia mais sentido: a Garota Indefesa e Assexual que tinha um namorado ou dois irmãos apaixonados. O quão longe ele precisava levar sua imaginação para ver a mim e minha cadeira como um interesse romântico legítimo? Parecia quase inimaginável para ele. Eu esperei um momento, inclinei a cabeça e olhei de volta para ele. "Não", eu disse, achando graça, mas sem rir. "Ele não é meu irmão."

Durante o último ano da pós-graduação, viajei bastante. Quase no fim de uma viagem de carro que culminaria em uma visita a Albuquerque, onde eu apresentaria meu trabalho em um congresso, eu tinha viajado quase 4314 quilômetros cruzando o país. Eu tinha alugado carros (sempre tendo que passar pelos três passos extras exigidos para reservar um com controles manuais), reservado hotéis, abastecido meus veículos com meu próprio dinheiro e apresentado meu trabalho original para pessoas que queriam ouvir. (Para ser perfeitamente honesta, a sala não estava lotada, mas pode acreditar que eu dei uma palestra muito animada.) Eu tinha encontrado meu caminho por cidades estranhas e sentido minhas habilidades aumentarem e me sustentarem. Enquanto eu enchia um copo de refrigerante na minha última parada, na última parte da minha viagem, eu me sentia equilibrada e imparável – a estrela de uma história de realização profissional conquistada a duras penas e a paz pessoal de uma viagem de carro sozinha pelos Estados Unidos. Foi também nesse exato momento que um homem que eu não conhecia jogou um bolo de notas de um e de cinco dólares no meu colo. "Eu passei dois anos em uma cadeira de rodas", ele disse. "Sei como é." Olhei para as notas, chocada. De repente, eu era a Mendiga Aleijada dessa história, inútil e desesperada. "Não. Não, eu não me sinto confortável", eu disse, afastando o dinheiro. Ele continuou falando, explicando o quanto ele compreendia, como ele queria ajudar pessoas como eu. Sua confiança na história que estava contando falava mais alto que qualquer outro barulho no lugar. Ele estava intimamente familiarizado com o papel do Mendigo Aleijado e se mantinha firme em seu papel de Ajudante Empático. Enquanto isso, meu cérebro virou uma tela branca, vazia e brilhante. Voltei para o carro me sentindo minúscula.

É fato que uma pessoa com deficiência tem uma probabilidade muito menor de estar lucrativamente empregada. Isso representa a experiência real de milhões de pessoas. Mas há outras maneiras de contar essa história, outras viradas possíveis que o roteiro pode dar, outras cenas esperando para serem escritas. Por mais que eu me sentisse forte e destemida naquela viagem, eu me sentia igualmente sugada pela briga constante necessária para manter um sentimento de dignidade sendo parte de um grupo que é eternamente visto como indefeso.

Aqui vai uma pergunta: o que é mais cansativo, ter uma deficiência ou tentar rejeitar os papéis que as pessoas esperam o tempo todo que você preencha? (Estou cansada demais para responder.)

Pessoas com deficiência ganharam um papel claro na apresentação. Somos os que recebem ajuda, que precisam de assistência, que estendem uma latinha por caridade e estão aqui para inspirar. Tentar assumir um outro papel, um mais complicado, como o de pessoa que aceita *e* oferece um pouco de ajuda, que usa uma cadeira para navegar o mundo *e* faz sexo, de pessoa que não pode andar *e* não está pedindo seu dinheiro – mesmo que seja um papel que pareça natural e adequado –, pode surpreender, confundir ou até irritar as outras pessoas na apresentação.

Quando você vive dentro da história, pode ser difícil ver essa dinâmica. Começamos a acreditar em coisas do tipo "é só como as coisas são – é assim que o mundo funciona, como ligações de hidrogênio ou a gravidade", esquecendo que, embora os primeiros autores do capacitismo tenham morrido há muito tempo (quem quer que eles fossem), nós ainda estamos representando esses papéis ultrapassados, e – adivinhe só?! – histórias podem mudar.

Um dos espaços nos quais já trabalhamos ativamente essas narrativas é nas histórias que contamos nas telas, em alto-falantes e nas páginas. Estamos atualmente em um tempo de grandes revisões. Estamos abrindo nossos olhos para o escopo limitado de nossas histórias anteriores e percebendo que existem muito mais vozes a ser amplificadas em nossas narrativas. Essas coisas mudaram muito desde que eu tinha 13 anos. Presumia-se que filmes, televisão, comédia e publicidade deveriam representar um recorte estreito e celebrado da nossa população, mas tem havido uma mudança nisso na última década, mais ou menos. Os Clint Eastwoods, Tom Cruises e Matt Damons não são mais os únicos que ocupam nossas telas. Filmes como *Pantera Negra, Corra!, Infiltrado na Klan* e *Asiáticos podres de ricos* mostram que as pessoas ficam empolgadas com boas histórias contadas com elencos de atores não brancos – e as bilheterias e os prêmios reforçam essa mudança. Embora tenha havido bastante reação – como os homens furiosos com o elenco feminino da versão de *Caça-fantasmas* de 2016 por terem arrasado de forma tão violenta as memórias nostálgicas de suas infâncias como minimisóginos –, filmes como *Oito mulheres e um segredo* e *Capitã Marvel* demonstram um investimento contínuo no desmonte de algumas das franquias mais masculinas que existem.

No mínimo, as rodas capitalistas da sociedade reconheceram que diversidade vende. Mais pessoas vêm tendendo à inclusão, e, para onde as pessoas vão, também vai o dinheiro. Os *millenials* e a geração Z mostraram que têm mais chances de escolher uma marca que demonstre um compromisso com inclusão e, portanto, em alguns anos, vimos diversas marcas indo nessa direção. Da Nike à Nine West, da Snickers à Crocs, da Tylenol à Sephora, cada vez mais empresas escolhem exibir os corpos e as histórias de pessoas de todos os tamanhos, formas, origens, habilidades, expressões de gênero, pigmentações de pele, sexualidade e etnias. Para algumas campanhas de publicidade, como a das lâminas Billie ou a das lingeries Aerie, isso inclui as assim chamadas falhas, como estrias e pelos. Mais empresas vêm se comprometendo a minimizar ou abrir mão do Photoshop em seus anúncios, incluindo a Dove e a CVS. E essa inclusão nem sempre se limita às páginas brilhantes da publicidade. A Target lançou linhas de roupas adaptadas e itens domésticos "sensoriais", que incluem produtos como cobertores ponderados e cadeiras casulo para crianças com uma gama de diferentes necessidades sensoriais. A Microsoft criou um controle adaptado para o Xbox que não exige o mesmo tipo de controle motor fino de outros controles.

Então, uau, certo? Olhe para toda essa representação grande, brilhante, linda, bagunçada e real da humanidade! Inclusão é o negócio, a onda do futuro, o lugar para se estar. Mas, em vez de marcar a caixinha da diversidade (feito!), todo esse progresso conquistado duramente só leva a mais questões e considerações.

O filme *Talk-Show*, de Mindy Kaling, oferece um retrato brilhante da deficiência nas histórias hoje. O filme tem a aura e o ritmo de uma comédia romântica, mas conta a história de duas mulheres no primeiro e no último ato de suas carreiras, ambas trabalhando para tornar a indústria do entretenimento mais inclusiva. A personagem de Kaling, Molly Patel, é uma mulher indiana-americana que se vê trabalhando com uma equipe de escritores todos homens e todos brancos para um programa de entrevistas comandado pela personagem de Emma Thompson, Katherine Newbury. Molly aparece na sala dos roteiristas com um diagnóstico novo para a decadência do show durante a última década. Ela oferece novas piadas. Chama Katherine a uma autenticidade corajosa que os outros roteiristas querem apagar. Que linda ilustração das maneiras como a inclusão nos torna mais ricos, mais espertos, mais plenos, melhores. Eu topo.

No final do filme, a câmera se abre para a nova equipe de roteiristas que Molly e Katherine montaram. Em um forte contraste com as cenas anteriores do filme, só sobraram uns três caras brancos na mesa. O novo espaço de trabalho está agitado com essa diversidade vibrante.

E também: eu não vi um único corpo com deficiência naquela mesa. Que forte lembrete de que até as pessoas mais dedicadas à inclusão raramente imaginam pessoas com deficiência na cena.

É claro que a deficiência é muitas vezes invisível – presente sem nenhum sinal óbvio ou reconhecimento rápido. Muitas pessoas com deficiência "passam" como pessoas sem deficiência. Em outras palavras, é possível que a deficiência ainda seja parte do espaço inclusivo imaginado na cena final de *Talk-Show*. Mas não acho que isso estivesse no radar de nenhum dos roteiristas, diretores, produtores ou atores do filme, porque (1) a cena *está* cheia de gente que quebra visivelmente o status quo de homem branco; e (2) a história *inclui* uma pessoa com deficiência, que tem um papel muito diferente nela – Walter, o marido de Katherine, que a apoia nos bastidores e está tristemente doente (interpretado por John Lithgow). Walter é um apoio silencioso e constante na vida de sua esposa (yay!), toca piano sozinho na sala dos fundos durante a festa glamorosa da esposa e está muito infeliz com o estado deteriorado de seu corpo conforme envelhece com doença de Parkinson. Ele é doce e triste, com uma pitada de vítima.

Não há nada inerentemente horrível em se incluir esse tipo de personagem em uma história a respeito de duas mulheres fortes. Esse filme não é sobre os maridos e não é sobre deficiência, e tudo bem. Mas o personagem de Walter e a cena final do filme revelam uma equipe inteira de roteiristas que concordaram que isso, bem aqui, é a cara da inclusão vibrante, animadora e digna, e aquilo ali é a cara da deficiência. As duas coisas são mantidas separadas, uma realidade que revela uma equipe de roteiristas habilidosos, educados, informados e totalmente inconscientes da deficiência como uma identidade que tem algo de valioso a contribuir – uma identidade que vale convidar explicitamente para a mesa.

Ela pode estar fora do radar, ou existir às margens, mas a deficiência na verdade está *em toooodos os lugares* das histórias que nos rodeiam. Ela é com frequência usada como metáfora (Sr. Potter em *A felicidade não se compra*, Colin em *O jardim secreto*), como virada na trama (Raymond em *Rain Man*, Melvil Udall em *Melhor é impossível*) ou como ferramenta para inspirar compaixão, pena ou "brandura" em personagens sem deficiência e no público (Pequeno Tim em *Um conto de Natal*, Joseph Merrick em *O Homem Elefante*). Personagens com limitações são representados como "superdeficientes" que triunfam sobre as adversidades da vida (Pollyanna e Forrest Gump) ou vítimas isoladas e dignas de pena que preferem morrer a viver em seus corpos limitados (Maggie em *Menina de ouro*, Will em *Como eu era antes de você*). Ah, e algumas vezes podemos ser vilões (Capitão Ahab, Capitão Gancho, Darth Vader) ou somos jogados ali como objetos de horror (Doutora Veneno em *Mulher Maravilha*, Ruben em *Midsommar*).

Não quero ignorar os passos que foram dados em direção à representação: séries como *Switched at Birth* e *Speechless* fazem mais para normalizar as experiências respectivas de surdez e paralisia cerebral do que para ostracizá-las, e personagens em séries como *CSI*, *Private Practice* e *Stranger Things* por acaso possuem limitações (compartilhadas pelos atores que os representam) que têm pouco impacto em sua contribuição ativa para a trama. Em 2019, a Netflix lançou uma minissérie genuinamente engraçada e charmosa, *Special*, a respeito de um homem gay com paralisia cerebral, escrita e estrelada pelo protagonista real da história, Ryan O'Connell. A Marvel acabou de anunciar que um de seus próximos filmes, *Eternos*, vai incluir uma super-heroína surda interpretada pela atriz surda Lauren Ridloff. Esses exemplos valem a comemoração, mas ainda são a exceção. Mais frequentemente, as histórias que contamos a respeito de deficiência são melosas, assustadoras ou distorções melodramáticas ou aterrorizantes de experiências reais.

É mais agradável fingir que esse é um problema do passado, especialmente quando olhamos para os retratos claramente condescendentes ou ofensivos de tempos anteriores. Mas as representações distorcidas da deficiência só vestiram uma roupa do século XXI através da qual é mais difícil de ver.

Vamos olhar mais de perto para um dos sucessos de bilheteria mais lucrativos da história. No premiado *Avatar*, de 2009, dirigido por James Cameron, nosso herói Jake Sully fica paralisado enquanto serve no exército e é consumido pelo desejo de se libertar de seu confinamento. Isso reforça a crença capacitista de que ninguém pode viver uma vida plena em um corpo com deficiência, especialmente quando o personagem de Jake encontra poder e contentamento apenas ao entrar em um mundo alternativo que restaura suas capacidades.

Para tornar essa conversa ainda mais complexa, filmes que fazem um bem poderoso para um grupo de pessoas podem, ao mesmo tempo, participar do reforço de estereótipos reducionistas para outras, como vimos no sensível, cuidadoso e justificadamente celebrado *Corra!*, de Jordan Peele. Mesmo que o filme nos ofereça um retrato mordaz do racismo liberal nos Estados Unidos do século XXI, ele usa um velho clichê de deficiência – o vilão cego assustador capaz de cometer atrocidades só para enxergar de novo. Isso me parece um atalho preguiçoso – como uma chaleira apitando ou uma figura encapuzada que sai das sombras e ganha foco – para fazer o espectador sentir alguma coisa, só que esse clichê usa um grupo de pessoas marginalizadas para isso.

E essa técnica não parece estar perdendo popularidade. Até *Detetive Pikachu* vende essa mesma narrativa para as crianças; o supervilão que assombra a cidade é um raivoso Bill Nighy em uma cadeira de rodas, que manipula e destrói de forma impulsiva, movido por um impulso violento de restaurar seu corpo às capacidades originais. O pobre Micah se arrependeu de se sentar ao meu lado no cinema enquanto eu gritava sussurrando para a tela: "Aprendam a contar uma nova história, seus babacas capacitistas! Vocês estão cem anos atrasados! Isso é *chato*!".

Outro clichê comum afirma que personagens com deficiência estão sempre desejando um corpo "inteiro" por meio de uma sequência de fantasia – um momento de respiro do fardo da deficiência em que podem aproveitar um corpo funcional, "puro", mesmo que só por um momento imaginário. A celebrada série *Glee*, da Fox, inclui uma cena em que Artie (Kevin McHale) salta para fora de sua cadeira de rodas para uma sequência de dança inteira; *A teoria de tudo*, filme premiado de 2014 dirigido por James Marsh, mostra Stephen Hawking (Eddie Redmayne) saindo de sua cadeira de rodas e atravessando uma sala para pegar a caneta que uma mulher derrubou; o maravilhoso ganhador do Oscar de 2017, *A forma da água*, de Guillermo del Toro, inclui um número musical durante o qual a protagonista muda Elisa (Sally Hawkins) de repente é capaz de sair cantando. Em cada uma dessas sequências de fantasia, o tempo fica mais lento e os personagens trocam o confinamento de suas vidas ordinárias por um paraíso alternativo no qual tudo finalmente fica certo – a luz muda, a música aumenta e os espectadores podem respirar fundo e se deliciar com uma visão de como as coisas *deveriam* ser.

As sequências de fantasia exibidas na tela parecem tão distorcidas da realidade que eu levei um tempo para reconhecer a possível relação com a sequência de fantasia de meu eu de 13 anos, registrada no meu diário. Em que sentido minha visão de um eu futuro caminhante é diferente de Eddie Redmayne interpretando um Stephen Hawking que envelhece, mas se ergue de sua cadeira de rodas para pegar uma caneta do chão? A fantasia é mostrada como algum tipo de momento de ápice e emoção que captura o desejo mais profundo desse personagem – *se eu pelo menos pudesse*, ele sussurra com a mão no peito. A quantidade de tempo de tela, o tom da música, a luz alterada colocam esses momentos em um pedestal que não se compara aos meus sonhos de infância comuns e fugidios.

Mais do que qualquer coisa, vejo uma diferença fundamental entre essas fantasias na tela e meus devaneios de 13 anos – *meu* sonho no diário não dependia de ter pernas que obedecessem a todas as minhas ordens. Eu só queria o tipo de história que parecia disponível exclusivamente para mulheres sem deficiência. Eu queria um emprego divertido e desafiador. Um namorado. Um apartamento legal. Eu não sabia que a menina em um corpo paralisado poderia ter essas coisas. Minha sequência de fantasia estava entremeada a um contexto social complexo – um pequeno momento no grande quadro da minha vida navegando por um mundo capacitista. Minhas pernas não eram o ponto. Roteiristas sem deficiência não parecem entender isso.

A ideia de que pessoas com deficiência existem com um único desejo, uma paixão sagrada, uma fixação desesperada por um corpo capaz, é superenfatizada e repetida obsessivamente. Isso não significa que não existam pessoas com deficiência que queiram uma cura; mesmo pessoas que estão bem satisfeitas em seus corpos com deficiência às vezes pensam na vida em um corpo diferente. Mas isso com frequência consome todo o propósito do personagem na trama, com poucas narrativas alternativas para complicar ou balancear esse cenário. É uma leitura velha, desinformada e unidimensional que usa o combustível fedorento dos medos de pessoas sem deficiência.

Talvez uma das distorções mais impressionantes e descaradas tenha sido trazida pela personalidade de televisão sem deficiência Kylie Jenner em uma sessão de fotos de 2016 que saiu na capa da *Interview*. Usando um top de couro preto e saltos altos, Jenner está sentada em uma cadeira de rodas dourada com uma postura que algumas pessoas descreveram como parecendo uma boneca inflável sem vida. A imagem de Jenner retrata a deficiência como puramente passiva, como se sua cadeira de rodas fosse sua gaiola, quando na realidade cadeiras de rodas são ferramentas empoderadoras e libertadoras para muitas pessoas. Mais do que qualquer coisa, fico impressionada com quantas pessoas concordaram com esse projeto. Cada detalhe dessa imagem, desde os primeiros dias de sua concepção até a execução final, foi curado e pensado por uma equipe de editores, estilistas e fotógrafos. Isso passou por tantas pessoas que aparentemente não consideraram o que essa sessão de fotos dizia a respeito das experiências reais de verdadeiros corpos com deficiência.

Mas faz todo sentido. A deficiência aparece nas telas e nas páginas de revista como uma marionete estranha da vida real, porque a equipe que conta essas histórias – escritores, diretores e atores – quase sempre está só chutando como é a realidade. Estão tateando no escuro, observando de longe, tentando entender algo apenas com a imaginação. Não estou interessada em fazer regras rígidas – *atores só podem representar experiências que eles tiveram!* –, mas é importante olhar para o padrão alto e destrutivo que vem funcionando há anos. Pessoas com deficiência aparecem em todos os lugares de nossas histórias, mas são quase completamente rejeitadas como roteiristas, diretores e atores. As pessoas sendo representadas não são consultadas nem incluídas.

No semestre em que assisti *Como eu era antes de você* com meus alunos na aula de deficiência e literatura, fiquei chocada pela reação deles ao filme. Quando eu ficava boquiaberta de horror, eles se derretiam pela doce história de amor. Senti uma desconexão profunda em nossas experiências vendo o filme e não sabia como preencher esse espaço. Eles viram o homem na cadeira de rodas se mover pela tela, se apaixonar, decidir acabar com a própria vida – e essas imagens não cutucaram as mesmas feridas abertas neles. Eles não conseguiam ver o que eu via, não conseguiam sentir o que eu sentia. Como você convida outra pessoa para uma vida inteira de momentos – um milhão de pequenos golpes? Como você traduz a dor aguda que vem de ver seus medos secretos serem confirmados – de ver que sua vida é mesmo uma tragédia? Que palavras você escolhe para comunicar o peso de acreditar – desde a sua espinha e até seus dedos – que você não pertence?

Eu gostaria que fosse possível levar meus formandos de ensino médio para uma excursão aos subúrbios de Overland Park, Kansas, em 1999. Nós desceríamos pelo tapete amassado do pequeno corredor até o meu quarto e encontraríamos meu eu de 13 anos jogado na cama, cercado por recortes de revista de modelos retocadas. Minhas pernas atrofiadas destoam dos meus braços musculosos, minhas costelas formam um tronco assimétrico e meus joelhos estão arranhados de quedas e batidas. Quando registro meus sonhos em meu diário, eles são filtrados por centenas de histórias vívidas que absorvi a essa altura da vida.

Nessa excursão impossível, faríamos uma visita à minha memória mais antiga: eu sentada no sofá em frente à *Pequena Sereia* ou maratonando as gravações de *As the World Turns* da minha avó; iríamos me observar assistindo a horas e mais horas de videoclipes na MTV e a todos os filmes de John Hughes; estudaríamos o fim dos anos 1990 e minha obsessão com as Spice Girls e Christy Turlington e mapearíamos exatamente onde eu aprendi quais corpos são desejáveis e quais não são, quais histórias são trazidas para o centro e quais são empurradas para as margens, quem pertence e quem não pertence.

Eu apontaria para eles que, na primeira vez que consumi as histórias à minha volta, instintivamente assumi que o lugar da minha história era junto dos outros Verdadeiros Cidadãos da Vida. Por que não seria? Eu sentia que pertencia ao centro da minha própria história. Eu me via ao lado de Claire Danes, das gêmeas Olsen e de Sarah Michelle Gellar. No entanto, quanto mais tempo eu passava no mundo, mais difícil ficava me ver sob essa luz.

Então nós viajaríamos até a manhã em que eu comecei a pré-escola e eles assistiriam a um pequeno ônibus escolar amarelo encostar na nossa casa. Veriam meu rosto quando eu entro e me vejo cercada por um grupo de pessoas que não reconheço. Eu esperava ir no ônibus junto com as crianças que eu sabia que estariam na minha sala. *Estou no ônibus certo? Em que universo estou?* Mas aquele era o ônibus reservado para crianças com deficiência, eu descobri – crianças que eu não conhecia e com quem não estudava. Mesmo na tenra idade de 6 anos, milhares de imagens de amor e feminilidade, romance e sucesso, independência e poder, passaram pelo meu cérebro em desenvolvimento. Nenhuma delas se parecia com essa cena diante de mim no ônibus, mas aparentemente essa era a minha história.

Se meus alunos e eu pudéssemos fazer essa excursão e observar tudo isso se desenrolando ao longe, eu me pergunto se eles seriam capazes de acompanhar minha vergonha crescente, de me ver desaparecendo lentamente, cada vez mais desconectada do mundo e de mim mesma.

Quando cheguei à idade dos meus alunos, meu diário oferecia um retrato de uma mente se desenvolvendo em um mundo que não tinha aberto espaço para ela. Assim como meu futuro imaginário com um garoto chamado Nathan e pernas que podiam subir escadas, eu visualizava um corpo futuro que poderia deslizar para as cenas da vida adulta que eu tinha visto sendo representadas por Julia Roberts e Meg Ryan. Em um mundo sem imagens que associassem sucesso a uma cadeira de rodas, namorados bonitos a pernas paralisadas, glamour a deficiência, eu não sabia como imaginar meu corpo com deficiência nessas histórias que eu achava atraentes. Eu sabia que eu era de verdade, que tinha uma história a ser vivida, sabia que queria amor e beleza, motivação e realização – eu só precisava do corpo para isso.

A falta de representatividade moldou minha percepção de um futuro possível de formas abstratas e amplas, mas também de maneiras tangíveis e específicas. Em um sentido muito prático, eu não sabia como era quando um corpo como o meu ficava íntimo fisicamente de outro corpo – como daríamos as mãos quando andássemos juntos pela rua? Como nos abraçaríamos no aeroporto depois de uma longa ausência? Como cairíamos juntos na cama? Eu não sabia como seria uma casa acessível e estilosa – o que eu faço com todos os armários que não alcanço? E quanto a tapetes que se enroscam nas minhas rodas? Como eu levo graciosamente uma xícara de café da cozinha para a sala de estar sem derrubar tudo? Eu não sabia que tipo de emprego eu poderia ter – eu poderia mesmo ser professora? Como seria, para mim, dominar a atenção de uma classe quando estou tão perto do chão? Tudo isso são coisas que eu descobri (quase todas; eu ainda derrubo *muito* café), mas nenhuma delas foi *mostrada* a mim primeiro. Boa parte da minha vida adulta – dos grandes sonhos aos mecanismos cotidianos – tem sido começar do zero, construir do início e me adaptar no caminho.

Eu vivo em uma cultura que usa minha forma como símbolo, um atalho, uma ilustração de outra coisa – fraqueza, confinamento e vitimização ou superforça, triunfo e inspiração consoladora. Mesmo que eu reivindique uma narrativa como minha, quando saio em público consigo sentir as histórias dos outros escritas no meu corpo – histórias que eu não escolhi e nunca escolheria para mim mesma. Eu sinto que estou falando a mesma língua, mas de alguma maneira minhas palavras são escolhidas e rearranjadas até caberem na narrativa de outra pessoa. Nossas histórias continuamente reduzem a deficiência a algo pequeno – uma bugiganga a ser manipulada –, como se uma experiência tão total, ampla, cheia de camadas, contraditória, ordinária, vibrante e *humana* quanto a deficiência pudesse ser reduzida a algo tão unidimensional.

E, caso não esteja claro, deixe-me enfatizar: há mais coisas em jogo do que chateações, irritações e ser mal compreendida. Histórias escritas sobre pessoas marginalizadas se entremeiam na nossa cultura e são usadas para justificar nossa política, organizar nossos sistemas educacionais, determinar o orçamento de um hospital. Elas entram em nossas casas, seguem-nos até bibliotecas, salas de aula, aeroportos, restaurantes, tribunais, piscinas, consultórios médicos, igrejas, bares – essas narrativas deformadas e melodramáticas moldam nossas cidades, nossas comunidades, nossas interações sociais. Elas nos precedem, nos seguem e são quase impossíveis de abandonar. Quando chegamos a entrevistas de emprego, vamos ao supermercado, aparecemos em uma clínica de fertilidade ou em uma agência de adoção, criamos um perfil em um site de namoro, somos parados pela polícia, confiamos nossos corpos a profissionais médicos, buscamos nossos filhos na escola, entramos em um lugar de culto, nós nos movemos por um mundo no qual nossa imagem é o símbolo de algo incompetente, pouco confiável, indefeso ou perigoso, que não merece viver ou é inerentemente errado, pecaminoso ou contagioso, impotente ou tabu, pervertido ou assexuado. E isso se manifesta em resultados tangíveis que vão de negligência a crimes de ódio, risada condescendente a abuso sexual, orações indesejadas a exorcismos, pena a suicídio assistido, infantilização a violência policial, desprezo a procedimentos médicos invasivos, rejeição familiar a violência doméstica, idolatria a isolamento social.

Eu entendo – filmes são entretenimento. Mas essas histórias se conectam a milhares e milhares de histórias pessoais e doloridas, agrupadas sob uma estrutura social muito real e opressora que é apoiada pela inércia de centenas de anos.

Então, sim, vamos concordar que pessoas com deficiência são uma parte essencial e vibrante do nosso mundo e que elas merecem ser tratadas como tal. Mas, se pararmos a conversa aqui – e se acharmos que isso é tudo que há –, não teremos ido muito além da resposta "certa" – *diversidade e inclusão são boas! Não seja malvado com pessoas com deficiência!* A inclusão não é melhor só porque é mais bondosa. Nós deveríamos trazer as perspectivas de pessoas com deficiência para o centro porque essas perspectivas criam um mundo que é mais imaginativo, mais flexível, mais sustentável, mais dinâmico e vibrante para todo mundo que vive em um corpo.

O fato inegável é que todos nós temos corpos que derrubam coisas, mudam de tamanho, têm cólicas e incham, se rebelam e desobedecem, quebram e saram, quebram de novo e saram tortos, doem e envelhecem, falam conosco, trabalham por nós, ficam cansados, sofrem e se alegram – mas as narrativas dominantes nos dizem que nossos corpos não são tão complexos. Eles existem nos extremos: mulheres magras que comem cheeseburgers gordurosos todo dia, mas nunca engordam um grama, lutadores durões que rolam com facilidade por capôs de carros, casais que têm orgasmos simultâneos em posições anatomicamente impossíveis no sexo de verdade – *ou* corpos que estão devastadoramente doentes, são apenas gordos ou estão completamente quebrados. Quantos de nós se veem nisso? Nossa experiência real está nos milhares de espaços no meio desses extremos.

Corpos com deficiência sempre foram parte de nossa história coletiva, quer reconheçamos ou não – e nesse momento eles são um reservatório majoritariamente intocado, esperando para acrescentar textura e profundidade, novas piadas e tramas, curiosidade e nuance, adaptabilidade e acesso à nossa compreensão do que significa vivermos juntos neste planeta. Nesse momento em que buscamos narrativas que testam as fronteiras da identidade e reimaginam expectativas em relação a gênero, raça e sexualidade, a deficiência está pronta para contribuir com uma conversa que desafia velhos paradigmas e faz novas perguntas a respeito do que significa – do que poderia significar – ser humano.

A deficiência pode nos dar novas histórias para navegar por um mundo que muda o tempo todo. Novas histórias como: *talvez o trabalho duro tenha seus limites. Talvez seus esforços não sejam o melhor termômetro para prever seu sucesso. Talvez o estado do seu corpo não seja realmente o bilhete da felicidade. Talvez, quando alguém diferente te assustar, seja esse o momento exato para se aproximar, ficar quieto e escutar. Talvez o amor verdadeiro possa ser terno, cuidadoso e constante. Talvez algumas merdas simplesmente aconteçam e não sejam para um bem maior, mas talvez você encontre alguma maneira de ficar bem de qualquer forma. Talvez não existam finais felizes, talvez a vida seja mais como uma tigela de sopa temperada com alegria e angústia, vitórias e decepções, alegrias e derrotas, raiva e paz, e talvez seja algo especial quando você pode compartilhar essa sopa com alguém.* Não queremos incluir perspectivas de pessoas com deficiência só porque é legal ou justo com os "deficientes". Queremos entrelaçar essas histórias à coleção, queremos considerar pessoas com deficiência como dignas de suas próprias histórias comuns, porque sem elas somos menos robustos, menos flexíveis e menos equipados para a viagem que já estamos fazendo.

Então, sim, representatividade é nada menos que tudo.

# 5.
## O preço do seu corpo

Tim Taussig conseguiu seu primeiro emprego como caixa de banco quando tinha 21 anos. Ele tinha se casado com a minha mãe algumas semanas antes e, com seus primeiros salários, comprou um trailer que tinha dois metros e meio por dez (contando o engate). Ele trabalhou como funcionário desse banco durante os quarenta e três anos e oito meses seguintes. Em todas as manhãs em que vivi com ele, da minha infância à vida adulta, meu pai acordava às 4h30 da manhã. Ele se vestia, às vezes ainda dormindo, e fazia uma caminhada de oração pelo nosso bairro, independentemente de neve, chuva ou de seus bebês terem passado a noite acordados. Então ia para casa, tomava banho, tomava um café da manhã nojentamente saudável, penteava o cabelo de lado, vestia o terno e saía para pegar o ônibus que o levaria para o trabalho às 6h13 (um ônibus que ele não perdeu nem uma única vez). Ele trabalhava em seu escritório o dia todo, cinco dias por semana. Sem chegar tarde ou tirar uma tarde de folga. Acho que o homem tirou meio dia de folga por doença em toda a carreira, e mesmo assim só quando seu corpo estava protestando com febre alta e pulmões chiando. Minha mãe tinha certeza de que ele estava morrendo. Por que mais ele ficaria em casa? Ele voltava toda noite às 18h17, a tempo de jantar com a esposa e os seis filhos. Sua rotina infalível parecia mais constante que as árvores crescendo em nosso quintal ou as vigas que sustentavam nossa casa.

Eu observava tudo isso cuidadosamente e com um encanto cada vez maior. Quando eu era pequena, eu o esperava no quintal da frente, praticando danças com meu andador enquanto os minutos se aproximavam da chegada dele. Conforme cresci, eu acordava quando o escutava saindo de casa. Dava para ver a noite totalmente escura pelas minhas cortinas. Eu me virava na cama e dormia de novo me perguntando como ele conseguia funcionar em um mundo em que a noite é sua manhã. Eu nunca quis que ele soubesse até que horas eu dormia no sábado. Quando encontrava com ele na cozinha, sua camiseta suada de ter cortado a grama ou os braços cheios de compras, eu fingia que estava acordada havia horas – só tinha ficado na cama porque estava lendo. Nenhuma pessoa decente desperdiçaria tanto do dia dormindo!

Enquanto meu pai continuava sua rotina rígida e inalterável, eu comecei a faltar cada vez mais às aulas. Quando meu despertador com CD começava a tocar a trilha sonora de *Um amor para recordar* em alto e bom som às sete da manhã, eu me sentia exausta e ansiosa. Erguer a cabeça me dava a sensação de nadar em um lago congelado. Pelo menos uma vez por semana havia um dia em que eu não tinha certeza se conseguiria me vestir, muito menos aguentar sete aulas. Comecei a ficar para trás na escola, e quanto mais para trás eu ficava, mais eu fantasiava em morar em uma caverna. Eu puxava meu cobertor sobre a cabeça e fingia morar em solidão profunda e escura. Eu não via um motivo claro ou fácil para isso. Eu não estava com gripe, garganta inflamada ou câncer. Só me sentia mal equipada para a tarefa diante de mim.

No segundo mês do meu primeiro ano do ensino médio, a orientadora estudantil me chamou para seu escritório porque eu vinha faltando muito. "Então, o que está acontecendo?", ela me perguntou. Eu não me lembro do tom dela, mas sei que o recebi como acusatório. Antes que ela terminasse a pergunta, lágrimas quentes já estavam descendo pelo meu rosto mais rápido do que eu conseguia secá-las. "Eu não... eu..."As palavras ficaram presas na minha garganta. Eu me esforçava para colocá-las para fora, para respirar fundo. Conseguia me ouvir engasgando, ouvi-la me dizendo para respirar, só respirar. Ela soava distante, como se estivesse murmurando para mim da sala ao lado. Minha própria voz estava muito mais alta – soava alterada e aguda, mas minha mente racional não conseguia entender por quê. *Pare com isso! Controle-se! Só se acalme e faça as coisas!* Eu me sentia furiosa comigo mesma por não conseguir acompanhar, não conseguir realizar as tarefas básicas de que todos os meus colegas pareciam dar conta. Não me lembro de nenhuma das palavras que consegui dizer, mas a orientadora falou com meus pais e juntos eles decidiram que eu deveria abrir mão de duas das minhas aulas e terminar o ensino médio com um horário adaptado. Fiquei muito aliviada e muito envergonhada.

Agora, olhando para trás com toda a sabedoria que tenho hoje, consigo dissecar minha baixa frequência em suas menores partículas. Alguns dos dias em que faltei estavam ligados às dores particulares do meu corpo. Pelo menos uma vez por mês minhas costas e a lateral do meu tronco queimavam com uma dor violenta nos nervos que aumentava toda vez que eu falava ou respirava fundo, mais ainda se eu movesse meu corpo inteiro. Parte da coisa certamente estava ligada à ansiedade e à depressão. Eu me sentia como um grande erro no texto da minha escola, uma clara intrusa, a coisa que não pertencia. Tenho certeza de que outras pessoas também se sentiam assim; eu só não sabia ainda como enxergá-las. E, claro, navegar por um mundo que não funciona levando em consideração seu corpo com deficiência é simplesmente exaustivo. Eu não entendia a rede de fatores que me empurrava de volta para a cama dia após dia. Em vez disso, só me sentia como um fracasso enorme e incompetente.

Conforme fiquei mais velha, eu não conseguia imaginar como eu poderia crescer e trabalhar em um Emprego Adulto de Tempo Integral. Como uma garota que mal conseguia sobreviver a uma semana de ensino médio sequer se aproximaria do Cronograma Adulto de Trabalho de Tim Taussig? O contraste em nossos dias era claro e vergonhoso. Mas havia outras barreiras logísticas que tornavam isso difícil de imaginar também. Por exemplo, todo ano, no "Dia de Levar sua Filha ao Trabalho", eu tentava andar de ônibus com meu pai, e todo ano meu corpo com deficiência parecia travar sozinho todo o sistema de transporte público. Os motoristas de ônibus nunca sabiam operar os elevadores ou usar o cinto extra para fixar minha cadeira ao piso do ônibus. Conforme os anos passaram, meus colegas começaram a conseguir empregos como garçonetes, baristas, jardineiros e caixas de supermercado, mas eu não conseguia me ver em nenhum desses trabalhos. Como eu poderia levar pratos de comida para as mesas? Ou operar máquinas de espresso que ficavam em balcões que eu não conseguia alcançar? E se eu não conseguisse um emprego, eu poderia ser uma adulta?

Mesmo muito nova, eu achava difícil me imaginar no futuro. Eu não conseguia imaginar a vida para além de ser a filha dos meus pais com nenhuma clareza ou realismo. Quando eu tinha 8 ou 9 anos, comecei a declarar macabramente para os meus pais que eu não passaria dos 14 anos. Que coisa cruel e assustadora para uma criança dizer aos pais, certo? (Desculpem!) Mas eu não falava como um mau agouro. Honestamente, acho que isso veio da minha sincera incapacidade de me ver na vida adulta – meu futuro era uma página em branco ofuscante. Como eu navegaria os obstáculos colocados diante de mim? Como pagaria a alta conta de viver nesse meu corpo?

Dois verões antes de eu me formar no ensino médio, minha melhor amiga de longa data, Bertie, e eu nos voluntariamos em nossa igreja para trabalhar em um acampamento de verão a algumas horas da cidade. Como a maioria dos acampamentos, ele não era acessível. Isso não me surpreendeu, nem sequer me chateou. Era totalmente o que eu esperava, o que eu sempre esperava, dos espaços à minha volta. Além do mais, Bertie e eu éramos especialistas em manobrar o inacessível. Nós éramos amigas desde os primeiros dias desconfortáveis na banda da sétima série, sentadas lado a lado tocando flauta, trocando olhares e rindo sempre que nosso diretor estourado dava outro ataque. Ela sabia como inclinar minha cadeira para o lado sempre que eu precisasse colocar a roda de volta no lugar, não hesitava em empurrar minha cadeira escada abaixo sempre que fosse necessário e não ficava ansiosa ao ver uma subida íngreme cheia de grama. Nós sempre dávamos nosso jeito esquisito, e eu continuei incansavelmente otimista de que faríamos qualquer coisa dar certo. Eu me inscrevi para a posição de monitora do acampamento, com a condição de que Bertie fosse comigo. Juntas, nós passaríamos por cima de qualquer coisa, como tínhamos feito em feiras de artesanato, parques temáticos e corredores escolares.

Poucas semanas depois, o acampamento rejeitou minha inscrição. Os administradores explicaram em poucas palavras: eu não seria capaz de cumprir as obrigações de uma monitora, nem sequer de uma monitora-assistente, em seu acampamento cheio de grama, colinas e escadas. Devastada, fingi não me importar nem um pouco. Fiquei totalmente nem aí, relaxada, "que seja, cara". Bertie sugeriu que nos inscrevêssemos de novo para trabalhos na cozinha, e depois de um tempo o acampamento deu uma resposta diferente. Bertie e eu poderíamos ser cozinheiras-assistentes na menor das cozinhas. Depois que a dor da primeira rejeição havia passado, ficamos animadíssimas.

Éramos tão eficientes em lavar louça quanto qualquer funcionário adolescente de acampamento (portanto, não *incrivelmente* eficientes). Inventávamos jogos para deixar divertido lavar centenas de pratos e escutávamos Relient K e Audio Adrenaline enquanto servíamos fruta enlatada. À tarde, corríamos com as crianças por brinquedos velhos de playground e jogávamos cartas em nosso pequeno quarto. Ah, a felicidade.

Uma tarde, enquanto Bertie me levava de volta para nosso quarto para uma hora jogando copas e comendo Pringles, ela sussurrou no meu ouvido: "Eu vi algo que não deveria ter visto". Eu implorei a ela para me contar o que era, mas Bertie não o fez até a porta estar bem fechada atrás de nós.

"Você já notou como temos tipo cem por cento mais tempo livre que qualquer outra pessoa trabalhando aqui?"

Minha mente repassou as memórias dos últimos dias: nós passávamos algumas horas por dia na cozinha e, no resto do tempo, zanzávamos pelo acampamento, tirávamos cochilos e pintávamos as unhas uma da outra.

"Sim." Eu ri.

"Então. Eu vi uma folha de papel que listava as posições de todo mundo no acampamento", ela disse. Os olhos dela estavam arregalados, mas eu não conseguia saber se ela estava achando graça ou com raiva. Talvez ambos. "E ao lado de cada nome havia um pequeno '1', tipo, bastava uma pessoa para preencher a posição. Ao lado dos nossos nomes? Colocaram zeros."

Em outras palavras, nós concluímos, o acampamento parecia ter inventado aqueles trabalhos para nós para nos dar algo para fazer – para nos fazer sentir incluídas. (E por "nós" quero dizer eu. É claro que Bertie poderia ter um trabalho real se ela não estivesse ocupada me ajudando a subir e descer os degraus para o nosso quarto.)

Bertie continuou falando, e acho que até dei risada, mas por dentro? Tudo que eu conseguia ouvir era isso: *o trabalho que você está fazendo neste acampamento – sua presença aqui – é totalmente, quantificável, inegavelmente inútil.* Eu não era apenas um zero, mas tinha tornado Bertie um zero também. Eu era um fardo, ocupando tanto das energias de Bertie que tinha roubado dela qualquer contribuição significativa que ela pudesse ter dado.

"Bem, pelo menos sabemos que não precisamos voltar nunca mais!", eu disse, tentando me manter leve e animada. Eu realmente tinha acreditado que estava contribuindo com algo para o acampamento, estendendo minhas mãos com algo de valor a oferecer. Mas, de alguma forma, essa contribuição não cabia no sistema de tarefas e trabalho do acampamento. Cada hora que eu tinha passado enxaguando louça suja, cantando alto perto da lava-louças, abrindo latas de pêssego, rindo com as crianças no playground... todos os momentos que tinham significado algo para mim, cada memória que ainda estava cheia daquele doce ar do acampamento, pareceu esvaziada de sentido, como um donut recheado de geleia transformado em uma carcaça oca e sem graça de massa. Meus esforços não contavam. Literalmente. O desprezo me fez fechar as mãos em punhos apertados.

Conforme eu me aproximava da formatura do ensino médio, eu flutuava na beira do que parecia um cânion infinito. Eu não conseguia imaginar como sobreviveria àquele trecho sem fim de terra, muito menos onde eu me encaixava nele. Eu sabia que havia caminhos que poderiam levar as pessoas em segurança de um lado a outro – vá para a faculdade, escolha um curso que vai te arranjar um emprego, pague suas contas, guarde algum dinheiro e se aposente no pôr do sol –, mas não importava quão animada e positiva eu tentasse ser, eu começava a ver cada vez mais sinais de que meu corpo não deslizaria facilmente por aqueles quilômetros. Cada passo e cada curva traziam complicações, cada conquista vinha com custos. E uma das taxas que me aguardava na vida adulta chegaria no meu aniversário de 23 anos. Como meu pai me lembrava com cada vez mais urgência, eu seria expulsa do plano de saúde dele quando fizesse 23. *Feliz aniversário!*

Imagino que esse rito de passagem seja particularmente dos Estados Unidos. Em 2010, o limite foi aumentado para 26 anos. De vez em quando, eu me pego jogando o impossível jogo do "E se?", imaginando que escolhas eu poderia ter feito, que sonhos poderia ter buscado, se tivesse crescido em um país no qual o medo de não ter seguro de saúde não assombrasse as possibilidades que eu me permitia imaginar. Eu teria me arriscado mais, seguido meus instintos, escapado por pouco, respirado com mais facilidade se o medo constante de pagar pelo meu corpo tivesse sido deixado de lado?

Eu sabia desse prazo dos 23 anos desde que era pequena. Ano a ano, meu peito se apertava um pouco mais. Eu sabia que era cara. Desde que me lembrava, acumulava despesas médicas para os meus pais, com uma lista sem fim de tratamentos, visitas a especialistas, remédios controlados e exames regulares. Eu também estava muito ciente de que não tínhamos dinheiro sobrando – dirigíamos carros que engasgavam até caírem aos pedaços, usávamos apenas roupas de segunda mão, "tirávamos férias" no sítio com três quartos da minha avó em Lawrence, Kansas, e esbanjávamos dividindo uma pizza extragrande no Godfather's nos aniversários. Eu via meu pai fazendo de tudo para economizar dezessete centavos no leite, mesmo que eu me sentasse em uma cadeira de rodas que custava mais que o carro dele. Quanto mais velha eu ficava, mais eu lamentava as contas que meu corpo criava. Levei um pouco mais de tempo para notar quanta sorte tínhamos. Meus pais só podiam pagar pelo meu corpo por causa do seguro de saúde que meu pai recebia de seu emprego em tempo integral no grande banco no centro da cidade. Muitas pessoas não têm esse tipo de cobertura ou estabilidade.

Logo depois do meu vigésimo-segundo aniversário, minha ansiedade a respeito do seguro de saúde se torna ensurdecedora. O limite está se aproximando quando eu saio de um voo de volta para Kansas City, tarde da noite em uma terça-feira. Estou dirigindo minha caminhonete do aeroporto para casa, animada com a adrenalina da viagem e a Dr. Pepper que tomei no avião, atualizando meu namorado de longa data, Sam, de todos os detalhes da minha viagem. (Você já conhece Sam – o cara que me comprou o livro *Olho mágico* quando tínhamos 8 anos, o que eu amava/odiava como um irmão, com quem eventualmente me casei e rapidamente descasei.) Ele está sentado no banco do passageiro, fazendo só a quantidade suficiente de "ahams" necessários para que eu prossiga. Ainda estou tagarelando quando estaciono meu carro na frente da casa dos meus pais, passo minhas pernas para o lado do carro e me preparo para passar para minha cadeira de rodas. Paro minha narração incansável, confusa. "Acho que minhas pernas dormiram." Franzo o cenho para minhas pernas totalmente sem vida, tentando não entrar em pânico. Eu as belisco, sacudo, mas não sinto nem uma gota de sangue voltar a elas. Meu pânico aumenta e eu começo a socar minhas coxas e meus tornozelos. "O que está acontecendo?", pergunto a Sam, minha voz dolorosamente alta e aguda.

"Respire", ele diz, me erguendo para a cadeira. "Você provavelmente só precisa se alongar." Ele me empurra em minha cadeira de rodas para a casa dos meus pais, me ajuda a deitar na cama e esfrega minhas pernas com as mãos. Meus pais nos observam. Ninguém diz muita coisa, mas todo mundo fica por perto e atento. Sam seca lágrimas apavoradas do meu rosto, acaricia meu cabelo e murmura que tem certeza de que está tudo bem. É então que eu noto que estou sentada em uma poça da minha própria urina sem ter tido a menor sensação de precisar ir ao banheiro. Sem aviso ou precedente, perdi toda sensação e função da cintura para baixo.

Essa novidade pode não parecer imensa se você não entender um pouco como meu corpo funcionava antes desse momento. Quero dizer, os médicos e as enfermeiras do pronto-socorro parecem totalmente despreocupados quando chegamos lá mais tarde, então aqui vai um breve resumo: desde os dias em que comecei a cair, aos 3 anos de idade, até esse momento pouco depois de sair do avião, eu tinha alguma sensação da cintura para baixo – eu sentia mais minha perna direita que a esquerda, sentia mais a parte de dentro das coxas que a de fora. Eu conseguia esticar minhas pernas e ficar um pouco em pé. Conseguia andar distâncias curtas se me apoiasse em uma parede com uma mão e no ombro de alguém com a outra. Conseguia lentamente subir ou descer escadas que tivessem corrimão. Conseguia ficar em pé no chuveiro se tivesse onde me segurar. Conseguia me apoiar na pia enquanto lavava a louça. Conseguia colocar e tirar minha cadeira de rodas do carro ao puxá-la por cima do meu corpo.

Em um instante, tudo isso inexplicavelmente sumiu, como se um interruptor tivesse sido desligado. Não consigo sentir nenhuma pressão, toque ou arranhão, mesmo quando enfio minhas unhas na pele das minhas pernas. Mesmo com todo o meu esforço e concentração, não consigo mexer um dedo do pé, muito menos ficar em pé. Essas mudanças no meu corpo vão exigir uma forma fundamentalmente diferente de interagir com o mundo – não vou poder entrar no meu carro da mesma maneira ou usar o banheiro ou a cozinha da minha casa. Vou precisar de um novo sistema para cuidar da minha bexiga e do meu intestino, para sair com meus amigos. Assim que penso no sexo, começo a chorar.

Eu não sou a primeira pessoa a se ver nessa posição. No mundo todo, pessoas estão fazendo esse tipo de ajustes todo dia, mas eu tinha a ingênua impressão de que já tinha feito todos os ajustes que o universo poderia pedir. Eu não tinha tido nenhum aviso, nenhuma dica, de que essas mudanças estavam vindo, e estou sofrendo. Será que meu câncer voltou? Eu me machuquei sem notar? Só vai ficar pior?

Passo a noite no pronto-socorro, onde fazem exames caros que exigem máquinas que parecem pertencer a um futuro distópico. Quando injetam contraste na minha coluna e tiram fotos, eu me consolo na crença de que alguém, em algum lugar, vai poder me dizer o que aconteceu. Nas primeiras horas da manhã, eles me transferem para a internação. Deitada em lençóis brancos e engomados, sob as duras luzes fluorescentes, encontro neurocirurgiões, neurologistas e fisioterapeutas. Ninguém consegue me dizer o que aconteceu ou por quê. (E ninguém conseguiu até hoje. É um quebra-cabeças incompleto que ainda acho difícil deixar para lá.)

Sem qualquer explicação médica, minha sensação começa a voltar. Eu movo um dedo, então tensiono um músculo da minha coxa direita. Uma tarde, com o quarto cheio de visitas, eu grito "Preciso fazer xixi!", como se tivesse descoberto um estoque vitalício de chocolates sob minha cama de hospital. Logo depois, sou transferida para um hospital de reabilitação onde passo uma semana, e então são meses de terapia externa até meu corpo quase se parecer com o corpo que eu conhecia antes. Dia após dia, meu cérebro soma as contas. Cada vez que tiram meu sangue, cada médico que faz uma "consulta" de três minutos, cada laxante que as enfermeiras me trazem em um copinho de plástico se torna um item no recibo de mais de um quilômetro. Se meu pai ainda não tinha alcançado o limite do seguro de saúde naquele ano, nós acabamos com ele no primeiro mês. Eu sinto os números como um caroço no meu estômago, mas o amargor que não sai da minha boca é a realidade dura do calendário: sou imensamente grata ao seguro de saúde do meu pai, mas vou fazer 23 anos em dez meses. E se isso tivesse acontecido um dia depois de eu ter feito 23? Eu conseguiria pagar sequer a primeira visita ao pronto-socorro? O que eu vou fazer?

Essa é uma história muito pessoal, mas é parte de uma história muito maior também. Tantos seres humanos vivem sob a ameaça do seguro de saúde – muitos de nós têm seguros de merda ou pagam preços astronômicos por seguros (mesmo quando são uma merda) ou vivem com medo de perder o seguro (sim, mesmo os de merda). Mais pessoas do que gostaríamos de acreditar vivem a um pronto-socorro de distância da falência ou evitam checar aquele caroço porque provavelmente não é nada, e quem é que pode pagar só para ter certeza? Há aqueles que vão pagar despesas médicas até a velhice por causa de um acidente de moto que tiveram aos 20 e poucos anos ou por causa da cirurgia cardíaca feita em seu recém-nascido. Caso você ainda não tenha notado minha posição sobre isso: é uma merda. O traço mais universal que todos nós temos é possuir um corpo e todos nós, sem exceções, estamos sujeitos às fragilidades desse corpo. Todos os corpos envelhecem, enfraquecem sob o poder de germes, vírus, doenças, dor e ferimentos, requerem intervenção e manutenção, rebelam-se e saem do controle. Todos os nossos corpos correm riscos (alguns muito mais que outros) e não poderia haver mais coisa em jogo. Isso é uma verdade inescapável – e ainda é assim. Nem todos os nossos corpos têm o mesmo acesso a cuidados, e vamos deixar uma coisa clara: todos os nossos corpos merecem cuidados.

Depois que começa a passar o choque inicial de saber que meu corpo na verdade é um campo minado de instabilidade, os dias começam a parecer mais possíveis. Sam sai em caminhadas lentas comigo e eu me agarro ao meu andador com uma determinação ferrenha. Minha irmã traz seus filhos com pilhas de cartões feitos à mão e saquinhos de balas de goma de pêssego. Minha mãe aparece todo dia com uma sacola de livros e um caderno no qual ela mantém um registro cada vez que uma pessoa com diploma médico surge e diz alguma coisa. Meu pai me visita nos fins de tarde depois do trabalho. É de noite que eu sinto o medo gelado de que, não importa o que eu faça para prevenir ou desejar que isso se afaste, qualquer parte do meu corpo pode parar de funcionar a qualquer momento. (Isso é tecnicamente verdade para todos nós, apesar de termos coletivamente concordado em acreditar no oposto – que com uma boa dieta e exercício nós viveremos com saúde pela eternidade.) Esse entendimento é tão chocante para mim, uma jovem mulher paralisada, quanto eu tenho certeza de que seria para outras pessoas em seu auge. É assustador encarar os fatos de frente: meu corpo é vulnerável, impermanente e só está decaindo.

Em uma das minhas primeiras noites internada no hospital de reabilitação, eu me sento com meus joelhos sob o queixo e encaro a mim mesma no espelho acima da pia, passando as pontas dos dedos pelos tornozelos para checar se ainda consigo sentir as pontas das minhas unhas. Só há uma luz acesa no quarto, então meu rosto está marcado por sombras duras. Eu espio a menina nesse reflexo. Que bem ela tem a oferecer? As olheiras roxas sob seus olhos e sua pele sem brilho e flácida me confirmam que não sou saudável ou forte, mas pequena e frágil. Decido que não confio na garota no espelho para cuidar de mim. Ela nunca vai conseguir ganhar dinheiro, pagar as contas, bancar seu próprio cuidado médico. O que ela vai fazer da próxima vez em que for inevitavelmente hospitalizada, com 24 ou 32 ou 40 anos de idade, e não estiver mais no seguro do pai?

Sinto minha percepção do meu corpo mudar de forma fundamental. Minha forma parece precária, permeável, pouco confiável – como se partes dela pudessem se soltar ou se desfazer em pó a qualquer momento. A vida parece difícil demais. Não consigo fazer isso. E nesse momento, enrolada em uma cama de hospital aos 22 anos, decido desistir. Não vou tentar – encontrar uma carreira ou um lugar do mundo, lutar por planos de morar sozinha ou pagar minhas próprias contas, me esforçar para construir minha própria vida. Vou rasgar qualquer ideia de planos que posso ter feito para minha vida e me afundar ainda mais no papel de inválida, como se ele fosse uma banheira quente e letal.

Um mês depois de eu ter alta do hospital de reabilitação, Sam me pede em casamento, e seis meses depois nós nos casamos. Parece mais que uma boa ideia; parece inevitável. Apesar de termos passado os cinco anos anteriores do nosso namoro quase terminando mês sim, mês não, eu não consigo imaginar outra forma de seguir em frente. Além disso, Sam começou recentemente em um trabalho de tempo integral. Tem seguro de saúde, e ele pode me incluir como dependente se eu for sua esposa. Eu me sinto segura.

Na época, eu não pensava no nosso casamento nesses termos – *vou me casar com essa pessoa, embora não sejamos muito compatíveis e ele meio que me irrite, porque quero ter seguro de saúde.* Quando eu reflito hoje, é difícil desembolar o nó de razões que me levaram a me casar com Sam, e muito mais difícil como eu as entendi na época. O amor de Sam por mim parecia um grande erro, uma falha nas leis do universo, e, se eu não mergulhasse nessa chance de romance, seria isso – puf! *Nada de amor pra você!* Eu morria de medo do mundo enorme, e Sam parecia seguro e constante. Talvez eu tenha confundido alívio com amor, apoio com intimidade, segurança com compatibilidade? Nós éramos amigos desde que tínhamos 8 anos de idade e havíamos reunido entre nós uma quente fogueira de memórias compartilhadas.

Quase uma década depois, acho difícil olhar com clareza para essas razões. Sendo honesta com você, estou prendendo a respiração enquanto digito essas palavras, porque não gosto de olhar para elas. Sinto mais arrependimento e vergonha da minha decisão de me casar com Sam do que de quase qualquer outra coisa na minha vida. (Porque, como você já deve saber, esse casamento não deu certo, e, como você pode ter adivinhado, eu não apenas causei uma magnífica bagunça ao sair dele, mas acabei machucando Sam profundamente.) É fácil, para mim, mergulhar em uma espiral sombria quando confronto o quão disposta eu estava a usar outra pessoa para minha própria sensação de segurança. Eu odeio ter feito isso. Queria poder voltar e fazer diferente.

Mas há outra voz na minha cabeça também. Ela é como a avó de todos nós e fala de um lugar acima desse poço escorregadio de entranhas e lágrimas. (Talvez ela seja aquela pessoa acabada que eu vi no espelho naquela noite.) Ela nos lembra: eu tomei essa decisão como uma jovem de 22 anos. E talvez, mais importante ainda, eu era uma jovem de 22 anos tentando, o melhor que podia, continuar viva sem ter ideia de como fazer isso. Eu não tinha nenhum apoio prático de uma comunidade que já tivesse navegado por essa rota antes, conhecesse os obstáculos e curvas e pudesse me apontar os poços e as áreas sombreadas.

Essa é uma das consequências profundas de se ter uma identidade que você não compartilha com a comunidade que vive e respira ao seu redor – sua família, seus amigos, professores e mentores. Quando você nasce em uma comunidade marginalizada cujos membros compartilham de sua identidade, você nasce em uma família que entende e sabe. Eles passaram pelas mesmas coisas. Carregam esse conhecimento e podem te ajudar a se preparar. (Há outras complicações e abusos particulares de se nascer em uma comunidade com uma opressão compartilhada, mas o conhecimento coletivo parece ser uma dádiva única também.) Pessoas com deficiência em geral nascem em famílias que não compartilham de sua deficiência nem sabem qualquer coisa a respeito do mundo em que elas vivem. Familiares podem aprender, mas estão começando do zero. Eu não conhecia ninguém que tivesse passado a vida adulta em um corpo com deficiência e nunca tinha visto isso sendo representado de forma significativa em uma tela ou uma página. Eu nunca tinha conversado com uma mulher com deficiência sobre me apaixonar ou sobre como ela tinha escolhido seu parceiro, não conhecia nenhum casal misto assim que pudesse modelar ou descrever essa parte de seu relacionamento, nunca tinha ouvido nada a respeito de programas que pudessem me ajudar a encontrar emprego ou conseguir seguro de saúde. No meu universo, esse era o Velho Oeste e eu era o único caubói do meu tipo, tentando sobreviver das gotas de água de um cacto espinhento.

Logo depois de Sam e eu nos casarmos, enfrento uma verdade muito dura a respeito de mim mesma: a instabilidade de estar sem seguro, sem emprego e sozinha não parece tão opressora, incapacitante ou destruidora quanto estar junto da pessoa errada. Eu saio da nossa casa seis meses depois de ter me mudado.

Digo isso agora como se tivesse sido uma escolha fácil. Não foi. Foi um tempo de confusão, luto, raiva, destruição, aceitação e cura. Foi assustador e emocionante e, no meu desespero – para o bem ou para o mal –, fiz coisas que nunca imaginei que pudesse fazer.

No meio dessa saída catastrófica, acidentalmente aprendo alguma coisa: se você tiver uma deficiência suficiente e for pobre o suficiente nos Estados Unidos, você se qualifica para receber cheques mensais da Seguridade Social e benefícios do Medicaid. A primeira vez que ouço falar disso é por meio da amiga de uma amiga com deficiência que vem fazer uma visita durante as férias de outono. Em vez de matar as saudades da minha amiga, eu absorvo cada gota de informação e solidariedade que consigo dessa mulher real com deficiência que se parece comigo e se move como eu e navega pelo mundo com o mesmo conjunto de obstáculos que encontro todos os dias. Durante minha vida inteira, ninguém me contou desses programas – nem meus médicos, nem meus professores ou orientadores escolares. Como essa informação vital escapou pelos dedos deles? Por que eles não sabiam?

Pesquisadores da Cornell University examinaram dados coletados em 2017 e descobriram que, embora cerca de 65% das pessoas sem deficiência receba seguro de saúde de seus empregadores, 66% das pessoas com deficiência recebem seguro de saúde através do Medicaid ou do Medicare.[1] Mas se qualificar para a cobertura de saúde do governo depende de se permanecer pobre. Em outras palavras, para poder ter seguro de saúde, muitas pessoas com deficiência são forçadas a escolher entre ficar perto da linha da pobreza ou tentar encontrar, e sobreviver a, um emprego em tempo integral

---

[1]    Programas sociais estadunidenses, que fornecem assistência de saúde, sendo o primeiro destinado a pessoas de baixa renda, e o segundo, a pessoas acima de 65 anos. (N.E.)

que acomode seus corpos e inclua seguro de saúde – um unicórnio dentro da comunidade de pessoas com deficiência, da qual menos de uma em cada quatro pessoas está empregada em tempo integral. Com esse arranjo, a eterna necessidade de um bom seguro de saúde pode moldar decisões importantes para aqueles que vivem em corpos que exigem cuidado médico constante.

Então, depois de crescer com o medo de que eu com certeza morreria assim que me tornasse adulta, depois de tomar decisões frenéticas e impulsivas que achei que me manteriam segura, um dos meus maiores medos a respeito do meu futuro é abruptamente resolvido. Não tenho emprego, nem experiência, nem referências ou diploma para arranjar um emprego, não tenho conta no banco, não tenho perspectivas, e ainda assim... sinto que ganhei todos os prêmios que existem. Meu cartão da Medicaid paga por todas as consultas com todos os especialistas, toda a medicação da qual dependo, todos os exames que meus médicos pedem. Eu inspiro liberdade e expiro paz. Vou ficar bem.

A boa notícia é que estou tão falida que também me qualifico para a moradia subsidiada reservada para pessoas com mais de 63 anos e/ou com deficiência (eu!). Nunca vou entender como acontece tão rápido, mas um apartamento fica disponível para mim apenas um mês depois de eu colocar meu nome na lista de espera. Eu me mudo para o apartamento térreo de canto em um prédio cheio de pessoas que me lembram a minha avó e algumas de suas amigas mais mal-humoradas. Elas me observam das janelas do terceiro e do quarto andar para garantir que eu cheguei bem em casa à noite e para expulsar qualquer um que ouse estacionar na minha vaga ao lado da porta dos fundos. Recebo cupons para comida e orgulhosamente compro berinjelas, cereal, leite de soja e ovos no Aldi no fim da rua. Por um tempo, esse mundo pequenino, medido em cheques mensais de 674 dólares vindos da Seguridade Social, parece meu próprio reino de conto de fadas. Termino minha graduação com a ajuda de serviços de reabilitação vocacional, e o valor dos meus cheques de auxílio cai lentamente conforme começo a ganhar meu próprio dinheiro. Durante anos eu vivo bem abaixo da linha da pobreza, com uma pequena bolsa para dar aulas de inglês enquanto faço a pós-graduação. Meu mundo é pequeno, mas, desde que eu não me mova muito abruptamente em nenhuma direção, as águas permanecem calmas. Estou bem.

Surpresa! Logo, tudo se torna mais complicado. Depois de alguns anos na pós-graduação, consigo um pequeno emprego de meio período trabalhando mais cinco a oito horas na semana no centro de educação do campus. Eu quero esse emprego porque é um ótimo lugar para aprender mais sobre ensinar e acho que vai ser bom ter um pouco mais de dinheiro para amenizar os períodos entre os pagamentos. No entanto, assim que começo nesse novo emprego, com seu salário modesto, minha renda mensal chega bem perto do território de "não qualificável para auxílio". Eu passo a receber notificações quase todo mês de que eles me pagaram demais – na verdade eu *devo* dinheiro –, então faço cheques todo mês para saldar o balanço. Enquanto isso, fico de olho na minha conta bancária. Se eu tentar guardar qualquer dinheiro extra, corro o risco de cruzar a linha e perder o auxílio.

Com essa pouca renda extra, decido que talvez eu possa me mudar para uma casinha com Bertie – uma década depois dos nossos dias tocando flauta juntas na banda do ensino fundamental, ela ainda não tem medo de me empurrar pela escada ou, aparentemente, sair em busca de uma casa comigo. Eu adorei viver com a gangue dos idosos, mas também me sinto solitária. Moro em uma ilha na qual eu e meus amigos de mais de 63 anos tomamos chá às quatro da tarde enquanto assistimos a casamentos reais, mas eu me sinto isolada das pessoas da minha idade. Tento dar um jeito; talvez eu consiga dividir o aluguel de uma casa barata. Se eu conseguir manter o equilíbrio de ganhar um pouco mais, gastar um pouco mais e manter meu auxílio? É um jeito na corda bamba, respiração presa, sem movimentos bruscos, dedos cruzados de viver minha vida.

Assim que começo a procurar um lugar novo para morar, noto que morro de medo de cruzar a divisa do estado e perder meus benefícios do Medicaid. Eu moro bem onde o Kansas encosta no Missouri, mas todas as opções do lado do Missouri vêm com o risco de ter que me reinscrever, esperar meses para que os documentos sejam processados e enquanto isso ficar sem cobertura ou a garantia de apoio no final do processo.

Quero conversar com alguém que possa me explicar os melhores passos a serem tomados ao me mudar para atrapalhar o mínimo possível meus benefícios do Medicaid. Nunca naveguei por essas águas; preciso de um guia. Eu não tenho um bom histórico de acessar esse tipo de informação com o serviço de Seguridade Social, mas quero tomar meu destino nas minhas próprias mãos! Com certeza existe uma maneira melhor, eu só preciso aguentar e chegar do outro lado.

Telefono para a Seguridade Social e espero mais de uma hora. Quando finalmente ouço uma voz humana, a mulher na linha é imediatamente hostil, mesmo quando me faz perguntas simples como meu nome e meu número de Seguridade Social. Em certo ponto, ela fica minutos sem falar, sem nenhuma explicação, e eu me pergunto se ela está digitando ou saiu para o almoço. Depois de uns dez minutos, noto que estou enjoada. Meu coração está acelerado. Depois de uns quinze, ainda não fiz a pergunta que é o motivo da ligação. Desenho flores frenéticas em um bloquinho. Quando finalmente chegamos no momento certo – é hora de fazer a pergunta e com sorte conseguir essa informação tão desejada! –, eu pergunto rapidamente o que ensaiei. Existe alguma forma simples de transferir meus benefícios do Kansas para o Missouri? É mais provável que eu seja aprovada no Missouri, já que fui aprovada no Kansas? Ela faz uma pausa. Então me acusa de ter duas identidades. (Achou confuso? Somos dois.) Ela nunca chega nem perto de responder às minhas perguntas, mas se recusa a desligar o telefone primeiro, pois assim eu não consigo responder à pesquisa automática que aparece no final de toda ligação.

Para ser justa, essa é facilmente a pior ligação que tive com a administração da Seguridade Social. A maior parte das pessoas com quem falo é educada, ainda que não ajude em nada. Como a mulher que alega alegremente que está me ajudando a me inscrever no programa de trabalho saudável; é só meses mais tarde, quando estou falando com outro funcionário, que descubro que ela muito provavelmente não me inscreveu em absolutamente nada. A maior parte do tempo que passo ao telefone com a Seguridade Social eu fico esperando ou falando com pessoas que me dizem que o departamento com o qual eu na verdade preciso falar é [insira aqui o nome de qualquer outro departamento] ou apertando números em diferentes menus que sempre me levam a becos sem saída e sem vozes humanas.

Essas conversas são surreais, e eu me lembro delas toda vez que considero pegar o telefone, buscar ajuda ou pedir alguma informação à Seguridade Social. É interessante – não é? – que o programa criado para ajudar pessoas com deficiência a bancarem a vida em seus corpos seja tão difícil de encontrar, navegar e entender, como um oásis cercado por armadilhas, crocodilos e guardas fazendo acusações confusas.

Por fim, Bertie e eu encontramos um lugar para morar (outra história para outro capítulo!), e eu termino a pós-graduação enquanto dou algumas aulas e trabalho meio período no campus. Continuo na dança delicada entre não guardar muito dinheiro e pagar o aluguel, ir atrás de trabalhos pagos de escrita e não ganhar dinheiro demais. No final da pós-graduação, estou muito orgulhosa – e muito cansada.

A garotinha que cresceu olhando espantada para seu pai trabalhador sai da pós-graduação se enxergando como alguém que talvez finalmente tenha algo a contribuir – algo único, importante e necessário no mundo. Depois de ter sido uma estudante pelo máximo de tempo possível, estou pronta para sair para o mundo e finalmente começar a ser adulta. Tento conjurar meu trabalho perfeito. Algo a ver com escrita e ensino e pessoas e flexibilidade e alegria e livros e criatividade e curiosidade! Estou pronta! Mas a cada trabalho que levo em consideração, sou forçada a avaliar a corda bamba de vida ou morte diante de mim. Preciso encontrar um trabalho que ou tenha um salário baixo o suficiente para que eu continue no Medicaid OU venha com um excelente plano de saúde. Rapidamente, encontrar um trabalho adequado às minhas paixões e à minha personalidade não parece o fator mais urgente. Antes de tudo: eu preciso encontrar um jeito de pagar por esse meu corpo.

Quando vejo o anúncio da vaga para dar aulas de inglês para o ensino médio em uma pequena escola particular pela primeira vez, passo direto. Eu mesma odiei o ensino médio, e não só porque a adolescência é dolorosa. O ritmo me deixava exausta. Não consigo me ver tendo sucesso naquela velocidade estonteante. Quando eu iria escrever? Quando iria dormir? Quando faria xixi?

Depois de um mês procurando por esse trabalho unicórnio que se adequaria à minha corda bamba, estou exausta, ansiosa e, mais do que nunca, convencida de que esse trabalho que eu quero não existe. O anúncio de professora do ensino médio aparece de novo, e eu penso: "Talvez eu consiga?". Eu amo dar aula, amo escrever, amo falar sobre livros e amo meus sobrinhos adolescentes. O salário é meio baixo para um Trabalho Adulto de Tempo Integral (e para esse tanto de diplomas). Mas também é três vezes mais do que eu, na minha vida inteira, ganhei em um ano. E – rufem os tambores! – vem com um belo plano de saúde.

Quando começo nesse trabalho, meu primeiro Trabalho Adulto de Tempo Integral na vida, um sentimento emerge. Saber que minhas horas de trabalho são oficialmente consideradas "tempo integral", saber que não vou mais precisar de ajuda extra do governo, saber que vou ganhar um salário me enche de orgulho. Eu me sinto valiosa, digna, respeitável, como se finalmente tivesse conquistado o "I" ao lado do meu nome – uma evidência de que dou mais do que tomo. *Consegui! Essa é a coisa que eu achei que nunca conseguiria fazer, e estou fazendo!*

Antes desse momento, eu não fazia ideia de que esses ideais estavam borbulhando logo abaixo da superfície. Eu não sabia como seria bom caber na equação padrão (capacitista) de valor: Horas + Produção + Salário = Valor. Essa equação é barulhenta, poderosa e está por toda parte. Aqueles de nós que não trabalham tantas horas, que não "produzem" tanto (o que quer que isso queira dizer), cujos salários são mais baixos ou (que horror!) que dependem de outros para sobreviver são categorizados como sugadores, um fardo. Esse modelo capacitista nos diz que o corpo humano é uma máquina cujo valor é determinado por sua produção – como uma torradeira que pode torrar seis fatias de pão em vez das habituais duas. Quanto mais você fizer, quanto mais horas extras trabalhar, quanto menos dormir, quanto mais deveres cumprir, quanto mais rápido você fizer o trabalho, de quanto menos ajuda você precisar, mais você vale.

No início do século XX, pessoas com deficiências físicas recebiam um carimbo de DF (Deficiente Físico) em seus históricos profissionais, o que não é muito diferente do zero ao lado do meu nome durante meu verão "trabalhando" no acampamento. Para muitos empregadores, o DF se traduzia simplesmente como "não empregável" ou "não vale a dor de cabeça", independentemente de qual trabalho estivesse sendo oferecido ou da manifestação precisa desse ambíguo "DF". Então aqui estamos, no século XXI, e como reivindicamos nosso valor e nossa dignidade como cidadãos com deficiência nesse mundo? Com frequência, eu nos vejo tentando seguir regras que não foram feitas para nós, tentando nos encaixar, mascarar nossas necessidades, ignorar nossos corpos e nos esforçar cada vez mais para provar que temos algo a oferecer. Nós nos jogamos na boca da baleia, direto no centro da força ordenando os golpes mais doloridos.

Sem realmente ter o rótulo tangível de "DF" sobre mim, ainda o sinto quando começo meu novo trabalho de professora – correndo, me esforçando, comprometendo toda a minha mente e o meu coração e a minha alma e o meu tempo e a minha energia para ser a Melhor Professora do Mundo. Mas, pessoal, ser professora é *difícil*. Muitos trabalhos de tempo integral são difíceis, mas aqui vai o que aprendi sobre ensinar: vai consumir tudo que você permitir que toque – cada célula do seu corpo, pedaço do seu cérebro, canto do seu coração, minuto da sua vida. Eu me esqueço de beber água ou evito beber água para não ter que sair de uma aula ou uma conferência ou uma reunião ou uma boa conversa com meus colegas para ir ao banheiro. Fico até tarde na escola, levo trabalho para casa, corrijo o fim de semana todo, desenvolvo planos de aula enquanto durmo, esqueço como falar sobre coisas que não têm relação com ensinar, torno-me uma parceira horrível, paro de ver minha família e esqueço que tenho um corpo.

O refeitório da escola fica do outro lado do campus e está sempre cheio, a menos que você cronometre perfeitamente e com precisão a hora que vai chegar lá. Eu temo o exercício de tentar equilibrar um copo de água e uma tigela de sopa na bandeja no meu colo na frente dos meus alunos enquanto tento conversar casualmente com meus colegas todo dia. Não tenho o espaço emocional para encarar esse desafio a cada vinte e quatro horas, então começo a comer amêndoas e uma barra de proteína na minha mesa entre as aulas. A escola nota minha ausência do refeitório e expressa preocupação, mas a atenção deles parece uma crítica. Eu escuto que estou complicando as coisas. Eles oferecem que alguém traga meu almoço todo dia. Eu só quero que tudo se ajeite, não quero alarmar ninguém, não quero que isso vire uma coisa, então concordo por alguns meses. Um homem adorável me traz potes de isopor com sopa e queijo quente, nachos ou macarrão com queijo todo dia e nós conversamos sobre se vai nevar e sobre a mulher dele, que faz gorros de inverno, e sobre quão ansiosos nós estamos pela sexta-feira, mas em algum momento a culpa toma conta de mim; não posso pedir para esse homem sair de seu lugar no refeitório e atravessar o campus (no inverno!) para me trazer minha refeição todo dia. E de qualquer forma eu nunca consigo terminar todas as porções que eles mandam, e não quero desperdiçar comida dia após dia ou deixar nosso escritório com cheiro de enchiladas toda tarde. Volto para as amêndoas.

Dois meses depois de entrar na escola, começo a sentir uma dor lancinante na minha perna esquerda. Alguns meses depois, minha lombar começa a doer e latejar. Em mais alguns meses, minhas pernas começam a se contrair e ter espasmos tão severos que às vezes eu não consigo mais soltá-las. Eu tento me levantar e minha perna esquerda vai para trás, meu calcanhar alcançando minha bunda. Depois, minha perna direita também não se estende mais. Assim que me deito na cama toda noite, meu corpo se enrola em posição fetal, como uma marionete controlada por uma força completamente externa a mim – eu não consigo, fisicamente, deixar meu corpo em uma posição solta e relaxada. Quando me sento de manhã, a dor que irradia da minha lombar para as minhas pernas me deixa sem fôlego.

E, ainda assim, eu me sinto culpada de tirar dias de folga. Eu me sinto boba escrevendo "dor nas costas" no pequeno espaço no formulário para pedir um professor substituto. Imagino a mulher durona no escritório lendo as palavras "dor nas costas" e rindo. *É, todos nós temos dor nas costas, querida.* Lembro do meu pai tirando só meio dia de folga em seus quarenta e três anos de trabalho. Eu cresci acreditando que apenas funcionários preguiçosos e negligentes faltavam por doença, a menos que eles literalmente não conseguissem se vestir e ir trabalhar. Tecnicamente, eu consigo sair da cama, me vestir e sair pela porta. Estou mais lenta e preciso de ajuda para vestir as calças, mas esse é meu novo normal. Vou mostrar a eles que não sou um fardo. Eu sou a "DF" que tem algo a oferecer. Não foi uma má ideia me contratar. Eu vou dar mais do que tomo.

Escrevo isso como se fosse algo que aconteceu um tempo atrás – no passado distante –, mas essa história ainda está se desenrolando em tempo real. De segunda a sexta-feira, coloco minha fantasia de Mulher Adulta Trabalhadora. Na maior parte dos dias, acho que passo. Eu aguento, consigo, faço as tarefas (às vezes até muito bem) e tenho dias bons. Posso estar ficando melhor em pedir um dia de folga, em dar 90% a uma tarefa na qual eu costumava colocar 120% de mim.

Ao mesmo tempo, meu corpo está sempre me lembrando: *esse sistema não foi feito para nós*. Meu corpo está exausto, forçado, cansado, gasto pela velocidade, pelo ritmo e pelas exigências específicas de ser uma Mulher Trabalhadora em Tempo Integral – das formas normais que a maior parte de nós sente, mas também de formas únicas relacionadas às minhas deficiências específicas. Eu perdi mobilidade desde que comecei nesse emprego. Desenvolvi um cisto entre duas vértebras da minha lombar, o que trouxe níveis novos de dor e espasmos para o meu corpo. Coloquei níveis extras de estresse sobre os meus órgãos. Sinto isso dos meus pés inchados até o tremor no meu olho direito. Tive infecções urinárias, comecei a tomar mais analgésicos e a receber injeções de esteroides na coluna para forçar meu corpo a ceder e obedecer. Que troca brutal.

Fico dividida, porque ser uma pessoa com deficiência e ter qualquer emprego que seja é um presente que desafia as estatísticas – que vai contra a experiência real de muitas pessoas com corpos que não se encaixam. Eu não quero fazer pouco caso desse presente ou expressar ingratidão por ter sido convidada a participar. Também não quero sugerir que muitos empregadores (os meus, inclusive) não fariam o que fosse necessário para acomodar meu corpo com deficiência. Então por que essas "acomodações especiais" não parecem mais empoderadoras? Por que ainda é tão difícil engoli-las?

Para começar, existe uma contradição em dizer que um local de trabalho é inclusivo enquanto ele participa dos valores culturais amplos que celebram tudo que um corpo com deficiência não é. Há algo desconcertante em oferecer acomodações para um corpo "excepcional" quando todo o sistema que cerca esse corpo foi construído sobre a premissa de que mais, mais rápido, mais difícil e mais alto é algo fundamentalmente, inerentemente superior. Quando você aplaude seus funcionários *apenas* pelas medidas arbitrárias de trabalho – chegar cedo, sair tarde, nunca faltar por doença ou tirar folga, aparecer no fim de semana – quando você *sempre* pede *mais* – produção, happy hours, publicações, times de softball, cases, reuniões, tarefas, envolvimento, espírito, extras –, você não demonstra a valorização daqueles que têm uma necessidade, que dizem não, que colocam limites ou exigem flexibilidade – as mesmas acomodações, sob diferentes nomes.

De alguma maneira, "acomodações especiais" insistem que o arranjo atual na verdade está muito bem, obrigada. Eles se agarram à ideia de que apenas algumas exceções não conseguem caber na forma, ignorando o fato de que mesmo aqueles que conseguem fazer funcionar talvez estivessem melhor com um modelo mais flexível. A própria noção de "acomodações *especiais*" se apoia na crença de que, na verdade, existem apenas alguns que não cabem com facilidade no molde apertado de um horário das nove às cinco, cinco dias por semana (bata o ponto na entrada! bata na saída!), de ficar "doente" apenas um número específico de vezes no ano, de se recuperar de dar à luz e estar pronta para se separar de um recém-nascido em um número predeterminado de dias. Muitos de nós concordam com essas regras, mesmo sabendo que não nos sentimos ótimos com elas. Somos recompensados quando cabemos perfeitamente nos parâmetros colocados diante de nós, então fingimos, mascaramos e vamos em frente com isso o melhor que podemos. Aqueles que simplesmente não conseguem se encaixar são marcados como intrusos que precisam de algo extra para poder dar conta. Em vez de olhar para uma coleção maior e mais variada de seres humanos em uma equipe e criar uma estrutura que dê conta de suas reais experiências, necessidades, desejos e motivações, com frequência os sistemas de trabalho preferem oferecer a menor porção possível de flexibilidade para aqueles que só não conseguem mais fingir (ou dão o maior ataque e têm um advogado para apoiá-los). Fico feliz que os empregadores tenham a obrigação legal de oferecer essas minúsculas porções de flexibilidade. É uma mudança *inestimável*. É também totalmente limitada pelo ambiente mais amplo – os valores culturais maiores que cercam o trabalho e as pessoas no comando – que a abriga.

Quando um sistema revira os olhos para aqueles que não "aguentam o próprio peso" e então se oferece para aliviar a carga deles, você não confia nele. Essas práticas estão em contradição com as "acomodações" e criam um espaço confuso e cheio de vergonha para se descobrir o que significa cuidar do seu corpo. As acomodações podem ser oferecidas nesse tipo de ambiente, mas não são categorizadas como admiráveis; elas são um último recurso, uma opção infeliz, um presente generoso dado àqueles que lamentavelmente precisam de alguma coisa. Quantos funcionários se sentem seguros para pedir alguma coisa que parece diminuir seu valor aos olhos das pessoas que os avaliam?

As necessidades do meu corpo com deficiência parecem mais claras. As pessoas me veem em minha cadeira de rodas e esperam que acomodações venham logo atrás (embora a maioria não imagine muita coisa além de elevadores e rampas). Mas acredito que esse sistema do Adulto Trabalhador em Tempo Integral puna muitos corpos além do meu – corpos com dor, corpos aflitos com depressão e ansiedade, corpos que engravidam, que precisam amamentar, que ficam menstruados, têm cólicas e dores de cabeça, corpos que se movem e processam mais lentamente que os outros, que têm ritmos alimentares diferentes, que precisam de cochilos, pausas, idas mais longas ao banheiro, banheiros mais inclusivos – e a lista só aumenta. Um sistema que mede nosso valor por uma quantidade arbitrária de trabalho que nossos corpos e mentes deveriam conseguir produzir dentro de parâmetros estreitos de tempo e espaço pune todos nós. Um dia vamos ceder com a insustentabilidade disso.

Por que somos tão apaixonados por essa visão do Trabalho Duro antes e acima de qualquer outro modelo? Acho que construímos nosso entendimento do trabalho sobre uma fé inquestionável em uma visão deturpada da "sobrevivência do mais forte". Compreendemos mal essa frase e tomamos seu significado como *quem for mais forte, quem competir melhor, quem trabalhar mais que qualquer outro, quem estiver disposto a ser mais agressivo ganha!* Mas nem mesmo o próprio Darwin elegeu a "sobrevivência do mais forte" como o princípio motor da evolução. As espécies que sobreviveram a viradas inesperadas no longo prazo foram as mais *adaptáveis*, como a mariposa biston betulária. Durante a Revolução Industrial, fábricas na Inglaterra poluíram os bosques ao seu redor. Elas cobriam a região de fuligem negra e árvores cobertas de líquen que antes eram brancas tinham ficado escuras. Uma espécie inteira de mariposas que sobrevivia antes da fuligem agora estava em risco por essa virada inesperada. Suas asas claras, que antes se camuflavam sobre o líquen, tornaram as mariposas alvos fáceis no fundo escuro. Faziam parte dessa espécie algumas mariposas mais escuras. Enquanto suas colegas de asas claras corriam mais risco, as mariposas escuras estavam perfeitamente adaptadas à mudança no ambiente, e seu traço incomum foi a coisa que garantiu a sobrevivência da espécie.

Se corpos com deficiência não fizessem mais nada pela raça humana (o que, é claro, eles fazem), eles garantiriam nossa variedade e, por extensão, nossa adaptabilidade. Estamos no meio de uma transição agora, que não é tão diferente da mudança trazida pela Revolução Industrial. Por um tempo, estivemos tampando os ouvidos, fechando os olhos e cantando alto por cima da realidade de que muitos de nós não têm um modo fácil de pagar pelos corpos que têm. Mais do que nunca, precisamos ser adaptáveis, flexíveis e imaginativos, mas isso, bem aqui, é a perspectiva inestimável que uma pessoa com deficiência tem a oferecer: estamos medindo a pulsação da adaptabilidade, sabemos como imaginar um mundo mais flexível; nossa própria existência, nossas vidas cotidianas, são um exercício de imaginação. Somos cercados por lembretes de que nossos corpos têm limites e florescem em ambientes diferentes. O mundo que construímos, em geral, ignora isso. Não posso deixar de me perguntar: o que aconteceria em todos os nossos espaços de trabalho se deixássemos de lado o trabalhador ideal de faz de conta que herdamos da Revolução Industrial e trouxéssemos o corpo com deficiência para o centro?

Já sabemos o que podemos ganhar com o trabalho duro. Meu pai é testemunha desse presente. Eu e meus irmãos estivemos seguros no pequeno ninho que ele construiu para nós. Ele devotou a maior parte de suas horas de vida aos 20, 30, 40, 50 e parte dos 60 e poucos anos defendendo isso. Nós tínhamos comida; uma casa com aquecimento, água e eletricidade; e seguro de saúde que garantia que seríamos cuidados quando tivéssemos dor de garganta ou câncer. Tudo isso certamente são presentes que muitas pessoas não têm (mesmo aquelas que estão trabalhando muito duro). Agora que estou mais velha, no entanto, eu me pergunto quanto meu pai perdeu em seu comprometimento inabalável com aquele emprego. Ele tinha tantos filhos para sustentar, um deles doente e com deficiência, e uma esposa com doença renal – será que ele algum dia se permitiu pensar em mudar de carreira? Será que ele algum dia estava sonhando com uma vida diferente quando seu despertador o acordou com tudo às 4h30 da manhã pelo milésimo dia seguido? Talvez estivesse, mas tinha medo demais de arriscar a segurança que esse arranjo nos dava. Quando criança, eu nunca considerei isso, mas enquanto eu trabalhava neste capítulo, liguei para ele e perguntei: "Você se preocupava com a possibilidade de perder o emprego no banco?".

"Ah, eu morria de medo", ele disse. Ele respondeu naturalmente, como você pode imaginar. Não foi uma confissão dramática, mas um simples fato. "Eu não fazia ideia de como cuidaria de todos vocês se não tivesse aquele emprego." Quando era criança, eu nunca senti nenhum traço do medo que ele guardava. Ele era sempre o constante e estoico Tim Taussig que eu conhecia desde o útero. Mas, pessoal... ele se aposentou no dia 25 de fevereiro de 2016 e o homem foi refeito. Ele é conversador ao telefone, assiste a séries com a minha mãe, seus movimentos são leves, ele leva cada um de seus filhos (nós seis), seus parceiros (outros seis) e netos (na última conta eram vinte e quatro) para almoçar em seus aniversários. Eu não havia notado a ausência dele antes, mas agora que ele está aqui, sinto sua presença.

Meu pai foi minha primeira e mais formativa imagem do Trabalho. Ele encarnava tudo que o trabalhador ideal deve ser. Mas preciso me perguntar quais partes dele ele poderia ter mantido e alimentado, como ele poderia ter florescido, se lhe tivessem permitido uma estrutura mais imaginativa. Eu quase consigo ver – um mundo no qual o corpo humano que respira e sangra, exausto, que se estica e se desgasta é convidado para o centro do círculo e lhe é permitido existir em todas as suas formas. Que flexibilidade, que eficiência, que conexões, que bálsamos poderíamos encontrar lá?

# 6.
## *Festa feminista na piscina*

Eu odiava ir a festas de aniversário quando era pequena. Especialmente festas do pijama. O convite chegava pelo correio com duas semanas de antecedência e minha mãe o colocava imediatamente na geladeira. Um convite significa que você está sendo incluída, certo? E quem não quer isso? Mas o pequeno convite de papel com garotas desenhadas dançando sob balões agressivamente coloridos e confete rosa gritante me assombrava, lembrando-me do que viria. *Samantha faz 8! Junte-se a nós para pizza, piscina e menininhas gritando sem parar até de manhã!* Eu implorava à minha mãe para inventar uma desculpa para que eu não precisasse ir.

Festas eram lembretes vívidos de que eu não me encaixava. Quando eu via as dançarinas com os balões brilhantes na geladeira, imaginava todas as meninas da minha sala compartilhando gloss labial na van, esperando para serem levadas para a piscina enquanto o pai da aniversariante me empurrava lentamente pelas escadas na frente da casa (*O que eu digo para um* PAI? *Para onde eu olho?*). Eu via todas meninas saltando umas por cima das outras na água, com leveza e facilidade, graciosas e livres. E me via tentando agir naturalmente, agarrada à borda da piscina. Eu me via correndo freneticamente pela minha rotina noturna no banheiro enquanto todas as outras meninas esperavam em fila diante da porta, batendo de vez em quando, "Tudo bem aí, Bekah?". E via todos os pijamas bonitinhos com pequenos babados nas mangas enquanto eu usava minha camiseta enorme com um rasgo do lado (mas ela era tão macia!) e shorts de ginástica da minha irmã mais velha que iam até meus joelhos. Eu via seus pés de fadinhas e seus tornozelos delicados ao lado dos meus dedos inchados. (Eu deveria cobri-los com meias? Mas ninguém mais vai dormir de meias!) Eu me via negando o refrigerante junto com a pizza, morta de medo de molhar o saco de dormir durante a noite. Eu me via fingindo dormir no meu lugar ao lado da parede enquanto as meninas cantavam junto com *Grease 2* e ficavam acordadas falando sobre os meninos da nossa sala.

Simplesmente *não* ser convidada vinha com uma dor diferente, mas um convite significava que eu precisaria me contorcer em um papel que nunca parecia certo, um exercício que eu achava – mais que qualquer outra coisa – exaustivo. E depois de todo aquele esforço, eu normalmente ainda saía da festa sentindo que tinha estragado a diversão de todos. As meninas gritando na piscina eram algo lindo. Eu não queria atrapalhar ou sujar aquilo. Era claro que elas estariam melhor sem ter que esperar aquela que vinha sendo trazida escada abaixo pelo pai, sem ter que se preocupar com a que ficava agarrada na beira da piscina. Eu podia tentar fingir, mas parecia cristalino: eu não pertencia. Isso, eu acreditava, era um fato: enunciado do alto, cartas dadas pelo universo, a forma como as coisas eram e seriam. Nunca me ocorreu que poderia ou deveria haver outra maneira.

Eu gostaria que esses sentimentos fossem específicos da minha infância, memórias que eu pudesse admirar como um artefato de um passado distante. Mas mesmo agora, há muitos dias nos quais eu sinto meu eu de mais de 30 anos se transformar na Rebekah de 8, pronta para se retirar pelo bem do grupo.

Como sempre, Micah e eu estamos atrasados para a festa, mas os anfitriões nos encontram no pé da escada e ajudam Micah a me carregar dois lances acima. Agarro o braço dele enquanto subimos e dou uma apertadinha. Ela quer dizer: *fico feliz por você estar aqui comigo*. Essa é a primeira vez que visitamos o apartamento dos nossos amigos e eu me sinto cuidada com antecedência quando eles mandam mensagens com ideias para passar pela entrada menos inacessível. Esse velho armazém foi recentemente convertido em apartamentos modernos de planta aberta com as paredes originais de tijolos e as vigas de ferro fundido ainda à mostra. *Muito legal!* Estou usando minhas novas botinhas pretas que escondem as cicatrizes nos meus pés, meus jeans pretos preferidos, que têm um pouco de stretch para grudar em minhas pernas finas e serem puxados por cima da minha barriga mole, e a camiseta folgada reservada para ocasiões em que eu realmente quero estar bonita sem parecer que estou me esforçando para ficar bonita. Esses são aqueles amigos que parecem ter saído de uma propaganda etérea – lindos sem esforço. Você também tem esses amigos? Eu passo uma quantidade insuportável de tempo me arrumando antes de sairmos com eles. Quando chegamos ao topo da escada, puxo meus jeans para cima, tampando a marca profunda que eles estão fazendo na minha barriga.

Recebemos mojitos com hortelã recém-cortada quando entramos pela porta da frente. Lanço a Micah um olhar que diz que estou me sentindo bem e chique, e o gelo ressoa em nossos copos quando seguimos nossa guia pelos corredores estreitos. "Você acha que eles têm apartamentos acessíveis?", pergunto a Micah, de olhos arregalados e impressionada pelo pé direito alto e pelas enormes janelas. Ele me olha cético. "Talvez só um apartamento no primeiro andar?" Passamos pelo pequeno banheiro a caminho da cozinha e eu faço uma anotação mental para diminuir os líquidos; de jeito nenhum eu vou conseguir entrar naquele banheiro, muito menos fazer xixi em segurança depois de alguns mojitos.

Um grupo de amigos nossos está reunido em torno de uma mesa de centro com guloseimas, deitados no sofá ou sentados no chão, com as costas contra a parede de cimento. Eu fico na minha cadeira de rodas e cruzo as pernas, quieta em meu canto acessível designado. Minha deficiência nunca fica mais clara do que quando tento ir daqui até ali sem minha cadeira de rodas, e eu de repente não estou a fim de expor minha vulnerabilidade nesse grupo chique de pessoas impressionantes.

Estou bebendo meu mojito e olhando para o celular, buscando sem sucesso no site do prédio apartamentos no primeiro andar (e logo percebendo que nunca poderia pagar por esse lugar, mesmo que eles tivessem um espaço que eu pudesse acessar, o que eles definitivamente não têm), quando presto atenção a uma conversa animada.

"Deus, eu queria ter mandado ele ir se foder", diz Ryan, sacudindo a cabeça, seu braço ao redor dos ombros de sua esposa Beth.

"Não teria deixado nada melhor", diz Beth. "Quer dizer, você precisa imaginar o nível de babaca de uma pessoa que acha ok gritar com uma mulher do outro lado do estacionamento só porque ela está usando calças de ginástica. E sinceramente? Acontece o tempo inteiro. Estou acostumada." Ela está deixando para lá, como se estivesse protegida por calos que desenvolveu em uma vida levando cantadas de homens estranhos.

As outras mulheres ali reviram os olhos enfaticamente, e os homens escutam. Eu faço que sim com a cabeça vigorosamente.

"Eu só comecei a gritar de volta", conta Grace com os olhos brilhando. "Outro dia, esse cara começou a me seguir pelo supermercado, resmungando coisas horríveis pra mim, e eu fiquei tipo: 'Não. Fale alto para *todo mundo* ouvir! Para sua namorada no corredor *cinco* te ouvir! Fale de novo, bem alto!'." Ela encena e as outras mulheres riem com compreensão, em solidariedade. Soa catártico.

As outras duas mulheres no círculo compartilham histórias de cantadas, e cada narrativa é respondida com uma nuvem de apoio e murmúrios de compreensão. Solto frases como "uau" e "Bom pra você! Que merda!".

Um dos namorados pergunta: "Se tivesse uma coisa que vocês realmente gostariam que os homens entendessem sobre isso, o que seria?".

Grace responde rápido. "A coisa que os homens não entendem é que... isso acontece *o tempo todo*." As outras mulheres fazem que sim vigorosamente. "Toda mulher que eu conheço poderia te contar inúmeras histórias iguaizinhas a essas. Sério, pergunte a *qualquer* mulher."

"Hmmm", eu afirmo, a única mulher no círculo que não acrescentou uma história à coleção.

E, simples assim, eu sou a Rebekah de 8 anos na festa do pijama de novo. A distância que sinto entre Mim e Elas não é intencional e não é só o resultado das escadas e dos corredores estreitos para banheiros inacessíveis – é muito mais complicado do que hostilidade aberta ou questões práticas tangíveis.

Eu sei como é quando alguém grita com você em um estacionamento, mas minhas histórias não parecem ser iguais a essas anedotas de cantadas. Se eu fosse contar minha versão de um homem berrando comigo – gritando freneticamente "NÃO CAIA!" do outro lado do estacionamento –, o grupo iria rebater, desdenhar ou rir do absurdo, mas o círculo de solidariedade desapareceria. Porque essa é uma conversa diferente. Ela não parece caber aqui. Eu não quero atrapalhar esse momento catártico e restaurador que elas parecem ter.

Micah e eu não ficamos muito tempo na festa. Uma hora eu preciso fazer xixi (ver: mojitos) e estou cansada. Enquanto vamos embora do bonito loft, eu afasto uma questão dolorosa e familiar: eu pertenço? Quero dizer, no sentido mais amplo – eu caibo no círculo das Mulheres?

Eu sei, que questão boba. Vários sinais apontam para "sim", certo? Tipo, eu uso os pronomes "ela" e "dela". Eu me expresso com objetos e gestos considerados tradicionalmente femininos (tipo vestidos e rímel, cruzar as pernas e brincar com meu cabelo). Eu amamentei bonecas bebês quando era criança e continuei a brincar de bonecas até ter medo de que minhas amigas descobrissem (e mesmo assim, continuei colocando-as na minha lista de presentes de aniversário). Mas e quando se trata de se encaixar no grupo? Compartilhar as memórias, os sentimentos e as questões essenciais que dizem pertencer a todas as mulheres? Esses medos e alegrias que unem "nós, mulheres"? Eu com frequência não me identifico.

A típica Mulher do Século Vinte e Um está cansada de ser objetificada sexualmente e confinada a alguns poucos papéis. Ela não quer que o mundo presuma que ela só está aqui para se tornar a esposa de algum homem e ter seus bebês. Ela quer opções, sua própria história, todo tipo de autonomia e independência e salário igual! Eu quero tudo isso também. E mais.

Eu me lembro da batalha constante dos meus pais para manter minha irmã em roupas "discretas", alertando-a de que ela não sabia "como os meninos olham para as meninas". Mas eles não se preocupavam muito com o meu guarda-roupa. Eu me lembro de sair para fazer compras e admirar o corpo dela no provador. A forma dos quadris dela em um vestido de seda ou sua cinturinha fina ocupando tão pouco espaço entre o top e o jeans. Eu entendia. Meu corpo não era tentador como o dela ou o de Jennifer Aniston ou os das modelos de revista grudadas na porta dos armários dos meninos. Ele não precisava ser coberto para evitar provocar. Eu não precisava me preocupar em ser modesta. Por que isso não parecia libertador?

Eu me lembro do cara mais velho na livraria, abordando minha irmã e eu. "Com licença", ele disse, olhando para ela, "Eu não consigo me segurar, preciso dizer que você realmente deveria ser modelo. Você é tão magra, tão linda." Minha gentil e linda irmã, já bem familiarizada com o olhar masculino aos 16 anos, tentou se esquivar. "Eu acho que Bekah devia ser modelo!", ela disse, acariciando meu cabelo. "*Ela* é linda." Eu desviei os olhos. Aos 14 anos, eu já sabia o que estava por vir. O cara não se deteve. "Não, você é mais magra. Você é simplesmente *maravilhosa*." (Eu precisei desenterrar meu angustiado diário de adolescente para confirmar essa memória. Pensei que o tempo certamente havia exagerado essa conversa. Acontece que o ano 2000 também tinha uns malucos ousados.) Eu queria que o homem tivesse focado sua atenção em mim? Não exatamente. Comemorei ter escapado da atenção dele? Não. Invejei a avaliação que ele fez da minha irmã? Com certeza. O que isso significa?

Eu me lembro de estar sentada em volta de uma fogueira de acampamento aos 15 anos, com Sam, o irmão dele e a menina por quem os dois tinham uma quedinha. Eu tinha deixado meu cabelo crescer, porque tinha ouvido que Sam gostava de cabelo comprido. A menina estava com seu violão apoiado na coxa e cantava uma música após a outra, a pedido dos meninos. A única música da qual me lembro é "Kiss Me", do Sixpence None the Richer. Quando a música terminou, ela se virou para mim e disse: "Sabe aquela sensação... quando um menino olha para você, e você simplesmente sabe que ele quer te beijar?". Eu a encarei de volta com um sorriso pateta. "Não", eu disse com uma risadinha arfada na frente da menina com o violão e os dois meninos que eu tinha certeza de que queriam beijá-la. Eu ri, acho, porque era melhor do que olhar para o fato embaraçoso que ela tinha trazido para o círculo – aparentemente, eu era a única menina que não sabia como era o olhar de um menino que queria beijá-la.

Conforme fiquei mais velha, cada vez mais mulheres da minha vida se tornaram mães. Tenho duas irmãs e três cunhadas e cada uma delas tem entre três e sete filhos. (É, é toda uma coisa – os Taussig e bebês.) Quando minhas irmãs falam de aguentar enjoos matinais, de induzir o parto ou não, de Ergobaby versus Babybjörn, desmame e peso dos bebês, eu me vejo me identificando mais com meu sobrinho de 12 anos e sua história dramática de quando viu um coiote no quintal noite passada do que com as mulheres à minha volta.

Por muito tempo, eu disse que não queria filhos, mas a verdade mais complicada é: eu não sei se posso ter filhos; não consigo traçar onde meus desejos terminam e meus mecanismos de defesa começam. Quando mulheres têm conversas a respeito de gravidez, a escolha está frequentemente no centro, como deveria estar. Escolha é tudo. Também não sei como começar a desenrolar a relação entre mim, maternidade e escolha. Quanto de eu não ter filhos se resume a algo tão intencional, preciso e definitivo quanto uma *escolha* de Sim ou Não? Com a exceção de amamentar minha boneca quando eu era criança, nunca consegui me imaginar como mãe. Mas será que isso é porque os exemplos de mães com deficiência que tive na vida foram poucos e recentes? Ou eu realmente não sou uma pessoa muito maternal? Eu nunca estive com alguém com quem eu quisesse fazer isso antes de Micah, mas mesmo que eu possa e nós façamos (o que parece muito extraterrestre neste ponto), minha experiência vai ser diferente daquela das mulheres que conheço – vai existir fora da imagem de gravidez, parto e maternidade que alguém elegeu como o "padrão". Minhas escolhas serão de um tipo diferente.

Além de tudo isso, haverá aqueles que vão acreditar que não sou adequada para ser mãe assim que virem minha cadeira de rodas, e, assim como as pessoas imaginam que Micah é meu cuidador ou meu irmão, mas raramente meu parceiro, haverá aqueles que não vão acreditar que meus filhos são mesmo meus. Há centenas de outros detalhes que não sei como antecipar, porque as mulheres da minha vida não passaram por essa estrada em particular. Eu amo que minhas irmãs tenham me deixado participar dessa parte de suas histórias, mas meu corpo está sempre contando histórias tão diferentes, e não parece haver um lugar óbvio para elas no cânone.

Minha percepção da imagem certificada da Feminilidade e de todas as experiências, dores e conquistas que ela traz não vem só de conversas pessoais com amigas e irmãs. O selvagem mundo das redes sociais fez um trabalho incrível de unir as mulheres e, graças a algoritmos e impulso, ele também consegue realçar experiências universais – ou é o que pensamos.

Algo tão pequeno e poderoso quanto o grito de guerra de união #StopTellingWomenToSmile ["pare de dizer às mulheres para sorrir"] realça um abismo entre minha experiência e a de muitas mulheres sem deficiência. Incontáveis mulheres estão cansadas, com razão, de homens dizendo a elas para sorrir, mas o que significa o fato de eu não conseguir pensar em uma única vez que um homem tenha *me* dito para sorrir? Acho que ninguém *espera* que uma mulher com deficiência sorria? Eles veem uma cadeira de rodas e preveem ombros caídos. Um sorriso no rosto de uma mulher com deficiência é uma façanha, uma enorme vitória, um triunfo apesar de tudo. Quando eu sorrio, as pessoas param para dizer "Seu sorriso é lindo". Elas aplaudem. Choram pequenas lágrimas capacitistas pelos cantos dos olhos, tão comovidas com qualquer fagulha de felicidade que veem em mim. Mas meu sorriso não é nenhum tipo de conquista enorme, nenhuma subida vitoriosa e desesperada ao topo de uma montanha. Às vezes é só um vídeo de gato. Em cima de um robô aspirador. Usando uma fantasia de tubarão.

Eu tenho uma memória de receber uma cantada na rua. Em um fim de tarde, a caminho do bar com alguns amigos, eu estava tocando minha cadeira pela calçada em meu vestido turquesa com gola de renda e botas de caubói cinzas, e um cara bêbado gritou para mim a um quarteirão de distância, na rua principal da minha cidade universitária: "Você é a garota de cadeira de rodas mais gata que eu já vi!". Eu ri enquanto continuava indo em frente, mas meus amigos ficaram indignados. "Ele realmente disse isso?" (Em retrospecto, não sei se eles estavam irritados por ele ter dado em cima de mim no geral ou chateados por ele ter acrescentado a cadeira de rodas. Eles poderiam estar bravos com as duas coisas? Nós não examinamos isso.) Mas sendo sincera? Nos cantos secretos do meu coração, eu apreciei a validação por também ter sido abordada com algum tipo de objetificação sexual na rua. Mesmo que tenha vindo com a condição da deficiência. (Tanto que, *aparentemente*, eu me senti impelida a escolher aquele mesmo vestido para meu primeiro encontro com Micah. Quer dizer, só estou pensando nisso pela primeira vez agora, mas será que o cara bêbado que gritou uma cantada para mim me ajudou a tomar uma das decisões de moda mais importantes da minha vida?! O que fazemos com isso?) Mas, juro por Deus, não sei quantas vezes pensei com carinho naquele grito bêbado e estranho na rua.

Eu me sinto culpada só de digitar esse segredo, porque não quero que nenhum misógino o use como justificativa para cantadas futuras. (Não que eu imagine que uma grande população de misóginos vá ler este livro, muito menos chegar até este capítulo. Mas ainda assim! Imagine o único! Querido único misógino lendo este livro: você não tem permissão para usar minha memória secreta como justificativa para passar uma cantada em alguém na rua.)

Minha experiência só não é igual àquelas que eu tantas vezes vi erguidas como as Experiências das Mulheres. Na verdade, de uma forma esquisita, elas podem parecer adversárias, ocupando campos de forças opostos. Quando me movo pela rua ou por uma loja ou posto algo na internet, não fico preocupada com homens que vão me objetificar sexualmente, porque estou acostumada a ter minha sexualidade automaticamente apagada, ignorada e negada de partida. Como o "Sewage Joe" de *Parks and Recreation* expressa tão bem quando compartilha seus poucos requisitos para um interesse romântico: "Ela não pode estar em uma cadeira de rodas, nem usar bengala, nem ter cabelo branco". Pessoas velhas ou usuários de auxiliares de mobilidade são as únicas que Sewage Joe descarta, corpos que não são tentações nem para seu paladar imundo. (Sim, existem alguns poucos que fetichizam o corpo feminino paralisado. Eu conversei com alguns e ignorei vários nas minhas mensagens diretas (DMS). Descobri que esse tipo de fetiche vem junto de muita vergonha e confusão e, na minha experiência, quase sempre fica relegado ao segredo protetor do anonimato na internet.) As normas sociais correntes parecem me colocar na mesma categoria das vovós – definitivamente proibida para transar, mas disponível para aumentar seus pontos de Boa Pessoa sempre que você se oferecer para carregar as compras delas.

Não é que eu nunca tenha tido medo de homens. Uma vez, quando eu estava com um cara na casa dele tarde da noite, o jeito dele mudou abruptamente e eu percebi que não conseguiria sair e descer os degraus da frente sem a ajuda dele, minha mente acelerou – *o que vou fazer se ele decidir que não quer que eu vá embora?* Na pós-graduação eu comecei a carregar um spray de pimenta na bolsa depois que a atenção de um cara no meu programa começou a parecer menos agradável e mais preocupante. Eu sei como é estar alerta perto de homens, só que, no geral, quando eu estou por aí no mundo – indo para casa depois de jantar tarde ou procurando meu carro depois de um filme – minha mente está presa em outras preocupações mais urgentes. Quando me movo por uma rua sozinha à noite, normalmente estou pensando se existe ou não um caminho acessível para o restaurante ou meu carro. O que vou fazer se encontrar degraus que não consigo subir? E se eu ficar presa em algum lugar? Eu tenho bateria suficiente no celular para ligar para alguém me ajudar? Meu cérebro está focado em evitar que as pessoas me vejam como indefesa, para que elas não me abordem por trás e agarrem minha cadeira ou tentem tomar uma roda de mim quando estou tentando colocar minha cadeira no carro. Só levei uma cantada na rua uma vez, mas já fiquei presa por não ter uma rampa ou fui abordada com ofertas não solicitadas de ajuda inúmeras vezes. Não consigo chamar um Uber quando estou sozinha porque é assustador demais ter minha cadeira de rodas desmontada em um carro com um estranho; a facilidade com que ele poderia tomar minha mobilidade de mim, a impotência de não ser capaz de correr se eu precisar – eu me sinto vulnerável demais. Não pesadelos com homens que me seguem até em casa, mas um dos meus sonhos mais recorrentes envolve ser separada da minha cadeira de rodas. Eu sou deixada para me mover pelo mundo com minhas mãos e meus joelhos – com esforço e desesperada. Sempre acordo desse sonho arfando e suada.

Não sei se deu para perceber, mas estou achando difícil encontrar a intersecção entre Ter Deficiência e Ser Mulher. Eu me pego receando que essas questões sejam vistas como uma tentativa de silenciar, esvaziar ou tomar algo da poderosa coleção de histórias de mulheres já reunidas. Não é o que estou tentando fazer. *Ouçam as mulheres! Assédio na rua é real e é uma merda! Parem de presumir que as mulheres estão aqui para vocês!* Eu admiro as mulheres e o trabalho que elas estão fazendo para erguer umas às outras. (Além disso, você notou que ainda estou falando de mulheres como se eu não fosse uma delas? O que é isso?)

Talvez o âmago do que estou tentando expressar seja isso: existe algo de desorientador em Ser Mulher e Ter Deficiência. Porque eu posso concordar racionalmente que sou tecnicamente parte desse grande grupo chamado "Mulheres". As pessoas mais próximas de mim são quase todas mulheres. Faço compras na seção feminina das lojas. Normalmente me vejo instintivamente identificada com as personagens mulheres em histórias. Algo como 86% dos meus seguidores no Instagram são mulheres. E, ainda assim, quando vejo mulheres representadas, quando vejo mulheres com o microfone, quando vejo mulheres falando sobre ser mulher, minha sensação de ser uma Mulher de carteirinha parece menos segura. Como se eu notasse que estive participando da festa do jeito errado a noite toda (não liguem para mim, eu só vou sair de fininho antes que qualquer um perceba).

Eu me sinto me esforçando para caber em uma noção construída do que realmente significa ser mulher – a versão *verificada*. Ser mulher significa aguentar assédio, homens olhando para seus peitos em consultórios médicos e bares, seu chefe dar em cima de você ou então caras mandando entregar bebidas na sua mesa. Ser mulher significa se casar e/ou ter filhos, ou tomar a decisão de não se casar e/ou ter filhos, ou ter seus parentes te perguntando constantemente quando você vai se casar e/ou ter filhos.

Então o que significa os homens encararem minha cadeira de rodas em vez dos meus peitos em público? O que significa que meu maior medo quando se trata de emprego seja ser contratada, para começar, saber como expressar as necessidades do meu corpo, pedir acomodações ou sacrificar minha saúde para me manter em um emprego só porque ele me dá um bom seguro de saúde? Se a presunção óbvia é que, é claro, ninguém quer se casar com uma garota com deficiência? Se a escolha de ter ou não filhos é infinitamente mais complicada do que só decidir o que eu quero? Se ninguém ousa me perguntar quando vou ter filhos porque imaginam que eu não posso conceber ou não vou ser capaz de cuidar deles ou não devo me reproduzir? Onde meu corpo com deficiência se encaixa na narrativa sobre as Mulheres? Eu me pergunto: será que a minha deficiência apaga minha experiência de ser mulher? Quando as pessoas olham para mim, minha deficiência é tão barulhenta e alienante que minha feminilidade é irreconhecível? E uma questão muito mais importante: *por que isso importa?*

Em janeiro de 2017, mulheres se uniram sob o manto do feminismo em cidades do mundo todo para protestar contra a posse do assediador Donald Trump como presidente dos Estados Unidos. Agora, essas marchas organizadas foram marcadas como o maior protesto de um dia só na história dos Estados Unidos. Fui ao protesto de Kansas City com uma camiseta feita à mão e um cartaz que diziam: "Direitos das Mulheres, Direitos das Pessoas com Deficiência, DIREITOS HUMANOS". (Tudo que eu queria dizer usava pelo menos umas trezentas palavras e não ficava bom em um cartaz. As palavras "direitos", "mulheres" "deficiência" e "HUMANOS" foram o mais simples que consegui.) Micah, eu e dois amigos caminhamos até a marcha. Ele me ajudou a atravessar o meio-fio e pela grama. Havia um banheiro químico acessível pelo qual eu fiquei grata e ao mesmo tempo detestei usar. Havia gorros cor-de-rosa, cartazes dizendo "Estou com Ela", cartazes dizendo "Super Callous Fascist

Racist Extra Braggadocios" [Super Insensível Facista Racista Extrabarulhento, em uma brincadeira com a música "Supercalifragilisticexpialidocious", de *Mary Poppins*] e cartazes dizendo "Amor é Amor, Vidas Negras Importam, Mudanças Climáticas são Reais, Imigrantes Tornam a América Boa, Direitos das Mulheres são Direitos Humanos". Eu não vi nenhum outro cartaz sobre deficiência ou outras mulheres usando auxiliares de mobilidade (só em retrospecto eu considero quantas mulheres com deficiência devem ter protestado de casa simplesmente por causa do acesso limitado).

Saí da marcha sentindo amor por cada ser humano que havia aparecido. Eu me sentia maravilhada pela força e pela garra das mulheres, pela incrível resistência das mulheres, pela ousada rebeldia das mulheres.

Também me senti envergonhada pelo meu cartaz. Isso não é horrível? Eu me senti boba por tentar forçar a deficiência para uma conversa à qual ela claramente não parecia pertencer.

Acho que a expressão que usaríamos para isso é "capacitismo internalizado" – o ato de adotar a ideologia, absorver o desdém preciso e praticar o mesmo desprezo que já está me ferindo. Isso me parece uma descrição muito clínica para uma ferida tão íntima.

No processo de escrever este capítulo e lutar com a intersecção entre deficiência, feminilidade e feminismo, janto com duas das minhas mulheres favoritas. Alyssa e Maren andaram comigo e Micah para a marcha em 2017 e, no ano passado, elas oficiaram nossa cerimônia de casamento. Lindamente. Com os macacões mais chiques que existem. Nessa particular noite de verão, estamos sentadas em volta da mesa comendo nachos engordurados. Falamos sobre o cérebro de Einstein e as mentes conectadas dos Seals da Marinha e, depois da segunda rodada de margaritas, Alyssa diz: "Como vai a escrita?".

Eu imediatamente bato com a testa na mesa e solto um grunhido. "Está óooooótima."

"Ah, certo, *não* foi a pergunta certa." Ela ri.

"Eu estou tentando achar algo válido de se dizer a respeito de ser uma mulher com deficiência e o feminismo e não tenho nada! Quer dizer, bleh. Quem se *importa*?"

Elas riem, que é o que eu quero, mas elas também não concordam, o que me surpreende. E, pode soar redundante, fico surpresa por estar surpresa. Eu realmente esperava que elas concordassem que mulheres com deficiência não têm lugar no feminismo? Talvez uma parte profunda e obscura de mim esperasse.

"Eu só não estou interessada em escrever um capítulo que diga #FaçaMelhor feminismo!", digo.

"Certo, mas pense nisso: pense em como é importante que o feminismo branco seja desconstruído", Maren diz. "O feminismo fica *melhor* quando é desafiado a ser mais inclusivo."

É fácil concordar com ela. Um feminismo que considere as injúrias e opressões *só* das mulheres brancas no final pune as mulheres enquanto continua a participar do racismo. Também consigo ver que, quando o feminismo iguala ser mulher a ter vagina, ele continua a alimentar os perigos da transfobia. Quando o feminismo expande sua compreensão do que significa ser mulher, ele fica mais forte, melhor e mais rico.

"Mas deficiência? Quer dizer, o feminismo já está preocupado com tantas interseccionalidades", eu respondo. Eu vejo todos os cartazes na Marcha das Mulheres – cartazes com slogans que representam todas as identidades políticas e questões sociais – e tento imaginar o feminismo tentando enfiar mais uma identidade, mais um conjunto de preocupações, mais uma hashtag nos cartazes de protesto. Eu continuo a falar, mas mantenho meus olhos bem fechados quando confesso: "Eu me sinto idiota levantando a mão e dizendo: *Vocês poderiam me incluir também, por favor?*". Eu torno minha voz baixinha e patética e finjo erguer minha mão como se eu fosse uma pessoa pequenina e tímida.

Mas, no meio da performance, com meus olhos fechados, vejo minha versão mais jovem, agarrada na borda da piscina enquanto as meninas jogam água umas nas outras no meio. Vejo a pequena pessoa que preferia fingir estar dormindo a tentar ter uma conversa sobre meninos com as meninas mais bonitas nos pijamas mais fofinhos. Essa sensação – a que vem me implorando para calar a boca, ficar quieta, desaparecer, me retirar, recuar – tem suas origens no fundo de mim. É o mecanismo de defesa que diz que *não* ser convidada é, no fundo, melhor. Porque, quando você é convidada? As pessoas podem te ver. E isso é um campo minado de gatilhos e riscos. *É melhor só ficar fora disso. Encontrar seu próprio bolsão de paz. Festejar sozinha.*

É como se Maren sentisse. "Mas você não está pedindo para ser incluída só por sua causa", ela diz. "Certo? Você ganhou essa plataforma para falar por tantas pessoas. Isso não é só sobre *você*."

E naquele pequeno momento, consigo ver todas nós – crescendo nesse planeta, tentando entender o mundo à nossa volta com esses nossos corpos que não se encaixam bem. Eu nos vejo quando crianças, aflitas em festas de aniversários, à mesa do jantar com famílias que não entendem bem, folheando revistas na cama e buscando nas páginas pelo menos uma foto que se pareça conosco, indo aos nossos primeiros bailes da escola e dançando sozinhas em nossos quartos, criando sonhos cuidadosos e ficando acordadas até tarde tentando resolver o quebra-cabeça impossível da independência, tateando de forma inconsequente nossas primeiras experiências com o amor, o sexo e a amizade, porque não nos deram um maldito mapa. De repente, eu vejo. Não estou erguendo minha mão por *mim*. Existe uma população enorme e linda de pessoas que querem – que merecem – ser incluídas também, e erguer minha mão por *nós* é diferente. De repente, eu sinto validação e urgência nessa conversa.

Mas, mais uma vez, eu paro. Eu posso ter uma deficiência, mas também sou uma mulher com formação universitária, branca, hétero, cis, que cresceu em uma família de classe média, com educação demais para meu próprio bem e, pelo menos por enquanto, um trabalho em tempo integral com seguro de saúde. Para aumentar esse castelo celestial de privilégios, mesmo que eu perdesse meu emprego e minha casa, tenho uma família que me ampararia. De todas as pessoas com deficiência vivendo neste país – no mundo –, eu tenho um trabalho relativamente confortável. Estou nadando em privilégios que nem consigo imaginar. "Eu não tenho certeza", hesito. "Eu sou só uma pessoinha. O que é que eu sei? O que eu posso falar sobre Deficiência?"

"Você não está tentando ser 'A Voz da Deficiência'", diz Alyssa, colocando pesadas aspas de mentira em torno desse título de faz de conta.

"Certo. Claro. Isso não existe. Nenhuma experiência universal de deficiência", eu digo, soando um pouco condescendente demais para uma conversa em que sou eu que estou tendo dificuldades.

"Certo", diz Alyssa. "Mas você tem *uma* voz e te deram esse microfone. O que você *sabe*? Para o que você pode apontar? Quem você pode trazer contigo?"

Em 2006, Christopher Bell publicou um ensaio chamado "Introdução aos estudos brancos da deficiência: uma proposta modesta". Nele, expressava uma crítica que muitos sentiam havia algum tempo: que o campo acadêmico dos estudos da deficiência estava cheio de pessoas com deficiência brancas em mente e fazia um péssimo trabalho de lidar com a intersecção entre raça e etnia nas conversas que aconteciam. Esse ensaio foi muito lido, criou um nome para Bell e infelizmente permaneceu trancado na torre da academia. Essa conversa precisa ser mais do que teórica. Da mesma maneira que o feminismo enfraquece quando deixa de integrar as pessoas com deficiência, o trabalho com deficiência que se preocupa apenas com os corpos mais privilegiados perde o ponto.

Eu penso em todas as pessoas com deficiência que conheci na internet, todos os rostos e origens e corpos e experiências e expressões e legendas e comentários e sentimentos e histórias e momentos de *Você também?* Essas pessoas são fortes, engraçadas, afiadas e plenas. São boas contadoras de histórias e criam memes fantásticos. Elas têm coisas importantes, frívolas e engraçadas a dizer. E essas pessoas vibrantes, criativas e comuns são vulneráveis em um mundo que consistentemente as ignora, nega e pune por suas diferenças. Pode ser fácil para mim desprezar ou diminuir minha própria experiência, mas quando imagino toda a minha comunidade junta, erguendo as mãos, cada idade e gênero, etnia e status de cidadania, estado de moradia e nível de educação, sexualidade, cor da pele e tamanho, fica também bem mais fácil erguer minha mão com eles e pedir para que todos nós sejamos incluídos.

Eu não apenas me sinto motivada a erguer minha mão, mas fica fácil ver *por que* nossa inclusão é importante. Quando imagino todos nós juntos, eu vejo: a deficiência que representa apenas pessoas como eu está perdendo o ponto, e o feminismo que considera apenas corpos sem deficiência é um feminismo míope, que eventualmente falha com as mulheres pedindo sua proteção. Nós precisamos uns dos outros.

Alguns anos atrás, fui a uma discussão em um evento que trazia as vozes de jovens mulheres que já tinham conquistado um sucesso notável em seus campos. Havia uma chef de cozinha, uma advogada, alguém da área de marketing e uma mulher com um trabalho que eu não entendi muito bem. A moderadora introduziu o painel como um grupo diverso de mulheres, com diferentes origens, culturas e etnias. Ela fez questão de enfatizar a importância de se ouvirem diferentes perspectivas, e eu fiquei feliz de ver esse sentimento ser confirmado por algum nível de ação – a mulher com o trabalho misterioso e a moderadora pareciam ser as duas únicas mulheres brancas com acesso ao microfone.

Ouvi as histórias delas a respeito de trabalhar em cozinhas com chefes que davam em cima delas e as puniam quando o flerte não era correspondido. Histórias sobre trabalhar longas horas como garçonete para pagar a faculdade de direito. Histórias sobre correr para deixar as crianças na creche antes de voar para o trabalho toda manhã. Conforme a discussão seguia, reconheci que aquela conversa não iria se cruzar muito com a minha própria experiência como mulher com deficiência. E achei que tudo bem – essa sensação acontece, e nem toda conversa precisa ser para mim.

Mas, perto do fim da conversa, uma mulher na plateia perguntou: "Como vocês conseguem um equilíbrio entre vida e trabalho?". Todas as mulheres do painel riram. Ninguém queria o microfone. Com relutância, uma delas disse: "Eu não sou a melhor pessoa para falar disso. Eu não tiro um dia de folga há onze anos". Todo mundo riu, e ela passou o microfone para outra mulher. A resposta foi parecida. "O trabalho meio que *é* a minha vida", ela disse, quase pedindo desculpas. "Existem momentos menos ocupados, mas não é incomum que eu trabalhe sessenta horas na semana." Uma terceira mulher foi a primeira a oferecer uma dica: "Acho que se exercitar é muito importante. Mesmo que isso signifique acordar às quatro da manhã para passar uma hora na academia antes de o resto da família acordar, vale a pena".

Eu fiquei sentada na plateia, chocada por essas serem as únicas respostas oferecidas. *Mesmo? É isso? Vamos todas só rir da impossibilidade de se ter ao mesmo tempo uma carreira e um corpo com limites?* Quase dois anos depois, eu ainda penso naquela conversa. Todas as mulheres daquele painel se apresentaram como vivendo em corpos com recursos infinitos, e elas estavam ali como um modelo de sucesso daquela posição. Mas quantas mulheres ouvindo tinham corpos que podiam replicar aquele modelo? Quantas podem sustentar essa abordagem por mais dez anos?

Vivemos em um mundo que recompensa mulheres que podem se levar além de sua capacidade máxima, mas nenhuma mulher viva pode manter esse impulso indefinidamente. Que perspectiva mulheres com deficiência podem colaborar para essa conversa? Que ideia nova e colaborativa pode se acender se oferecermos o microfone para pessoas que vêm enfrentando esquemas de trabalho incansáveis e insustentáveis com corpos que não vão/podem/ deveriam obedecer – o que você acha?

Não estou propondo que toda conversa feminista tenha que ser sobre, ou para, ou mesmo incluir mulheres com deficiência. O que *estou dizendo* é que apagar mulheres com deficiência do nosso campo de visão do que significa ser mulher limita *todas* nós. E não de uma forma abstrata e teórica. Literalmente e de verdade – toda mulher está sujeita às demandas, incertezas e limitações de seu corpo: um corpo que cede às forças da gravidade e do tempo, que se enruga e quebra, incha e cai, acumula dor e feridas. Muitos dos nossos corpos são literalmente rasgados ao dar à luz, transformados em comida na amamentação e estão sujeitos à montanha-russa imprevisível da menstruação, da menopausa e da terapia hormonal. A experiência mais consistente, universal e compartilhada de se ter um corpo é que todos eles mudam, e se você viver tempo suficiente, todos começam a ficar lentos, esquecer, quebrar, ignorar ordens e se revoltar. Quando fingimos que a deficiência não é parte de ser mulher – quando mantemos as duas coisas separadas e distintas –, todas ficamos menos equipadas, menos adaptáveis para os desafios inevitáveis da vida.

Sinceramente, eu entendo. Não é difícil ver como o abismo entre ser mulher e ter deficiência se formou. Em um passado não muito distante, as "fragilidades físicas" das mulheres (que, sim, incluíam os ciclos mensais, porque SANGRAM!) eram usadas como evidência de que elas não deveriam estudar, não deveriam trabalhar, não deveriam sair de casa, não deveriam viajar sozinhas, blá--blá-blá. (Nota: você sabia que quando os banheiros públicos foram criados, eles eram só para homens? Porque o que uma mulher estaria fazendo em público por tempo suficiente para precisar de um banheiro fora de casa? VERDADE.) Para podermos afirmar que *merecemos* educação, trabalho e o direito de *existir em público*, as mulheres sentiram a necessidade de reivindicar sua força e esconder quaisquer possíveis fraquezas. Porque, de uma maneira muito real, elas poderiam ser usadas como evidência para nos mandar para casa. Isso tem que ser sentido com ainda mais intensidade por mulheres que se interseccionam com outras identidades marginais, mulheres que não precisam de mais uma razão para serem excluídas, ignoradas ou rejeitadas. Eu também me pergunto o que perdemos em nossa luta para minimizar essas assim chamadas fraquezas e provar que podemos lutar com a mesma força. Podemos ser ao mesmo tempo suaves e fortes? Frágeis e resilientes?

Quando ignoramos ou minimizamos nossas vulnerabilidades, nossas partes mais frágeis, nossas limitações físicas inerentemente humanas, eu me pergunto: estamos apenas reforçando as regras que o patriarcado escreveu? *Um corpo que não tem necessidades = ideal, valioso, digno. Um corpo que tem necessidades = pilha de descarte.* Não apenas essas regras são a maior mentira, mas elas são chatas. O que mais existe e não podemos ver porque estamos atrás da cerca do patriarcado mais duro/mais difícil/mais forte? O que acontece quando reconhecemos o fato de que todos os corpos precisam de ajuda, intervenção e suporte? E por que não convidar as especialistas na linha de frente da adaptabilidade e acesso para essa conversa?

Nem todo ícone feminista precisa ter uma deficiência, mas eu me pergunto o que podemos perder quando olhamos apenas para as mais fortes, ferozes, jovens e em forma – as que não parecem envelhecer de nenhuma forma além de acumular algumas rugas graciosas e saírem por aí com cabelo branco. Que nuances e descobertas estamos perdendo com nossa seletividade? Lembre-se de como todo mundo pirou quando Selma Blair apareceu de bengala no tapete vermelho da festa do Oscar de *Vanity Fair*? Aquela imagem, ela segurando sua bengala em um vestido de seda esvoaçante, pareceu explodir nossos cérebros. Ela mostrava a relação intricada entre fraqueza e força. Representava tanta graça, elegância e beleza, precisamente no momento em que ela mostrava publicamente seu diagnóstico de esclerose múltipla.

O que acontece com a feminilidade quando sempre idealizamos as mais capazes, mais "bem-sucedidas", mais independentes? Esta manhã mesmo eu estava ouvindo "Woman", da Kesha, no volume máximo – e estava cantando junto, porque eu *sou* a porra de uma mulher, querida, e eu *não* preciso de um homem me segurando firme demais. Tantos hinos feministas (especialmente, aparentemente, aqueles que eu amo cantar a plenos pulmões) honram a independência como a forma mais alta de empoderamento feminino – comprar várias coisas com seu próprio dinheiro, pagar suas próprias contas, não precisar de um homem para nada. É ótimo gritar junto com isso.

Nesses momentos catárticos, eu me lembro da Rebekah recém-divorciada. Quando era adolescente, eu nunca imaginei que seria capaz de pagar minhas próprias contas. Quando me mudei para meu primeiro apartamento sozinha, tinha ganhado acesso completo a um foguete com o tanque cheio – o universo era meu. Não importava que o apartamento fosse subsidiado ou que os cupons de comida pagassem pelas minhas compras ou que meus cheques mensais viessem da Seguridade Social. O fato de que eu fui legalmente capaz de me divorciar do meu marido – contra a vontade dele – foi nada menos que um presente inestimável que só existiu porque mulheres antes de mim tinham lutado *muito* para torná-lo possível. Nossa independência não é algo para se ignorar. A liberdade de votar, de possuir propriedade, de se divorciar, de escolher o que acontece com nossos corpos – isso muda tudo.

E também... Quando eu penso um pouco mais nesse tipo de letra de música, não consigo não pensar em Micah. Minha mente vai para as manhãs recentes, ainda escuras, em que me agarrei aos ombros dele enquanto ele me ajudava a me levantar, lenta e dolorosamente. Penso em Micah tirando folga do trabalho e indo comigo para uma palestra para poder me ajudar pelos aeroportos e alongar minhas pernas trêmulas antes de dormir e de manhã cedo. Este ano meu corpo se deteriorou rapidamente e eu tenho dependido bastante desse homem. Posso até dizer que me tornei de alguma forma *dependente* dele, assim como ele ficou dependente de mim quando quebrou o fêmur alguns anos atrás. A sensação não é sufocante, limitadora ou enfraquecedora (como a claustrofobia que eu sentia no meu primeiro casamento). A sensação é de firmeza. Eu ainda amo esses hinos – e Micah também, aliás –, e não pretendo tirar essas músicas das minhas playlists. Elas fazem um trabalho incrível ao contar uma parte importante da história. Mas também me pergunto: nós perdemos algo quando adoramos a independência e vilanizamos a dependência? Entendo porque a liberdade é tudo, mas perdemos a interdependência quando nos agarramos com tanta força à autonomia? Eu me pergunto o que mulheres com deficiência poderiam acrescentar à nossa conversa a respeito da possibilidade de ser uma mulher empoderada e independente/dependente?

Mulheres com deficiência são uma parte disso, e embora a forma de nossas histórias possa parecer diferente, nós também fomos feridas de uma forma poderosa pelo patriarcado. Na verdade, algumas das conversas mais fundamentais do feminismo – violência contra a mulher, direitos reprodutivos, equidade de salário – ficam descuidadamente incompletas quando excluímos as vozes de mulheres com deficiência. Como podemos desmontar completamente o patriarcado a menos que tomemos o cuidado de examinar todo o estrago feito por ele?

Não podemos ter uma conversa completa a respeito da violência contra a mulher sem incluir as experiências de mulheres com deficiência. A Coalizão Nacional Contra Violência Doméstica relata que mulheres com deficiência têm três vezes mais chances de ser agredidas sexualmente do que as sem deficiência e estima que 80% das mulheres com deficiência já sobreviveram a alguma agressão sexual. Muitas mulheres com deficiência têm dificuldades cognitivas e/ou de comunicação que os abusadores reconhecem como razões para que elas tenham menos probabilidade de relatar o abuso ou de serem levadas a sério. Mulheres com deficiência também são com frequência colocadas em uma posição de dependência íntima de seus cuidadores ou parceiros principais, que as ajudam a ir ao banheiro, tomar banho, se vestir, comer e por aí vai; se elas relatam abuso, correm o risco de perder esse cuidado e serem institucionalizadas. Esses 80% não são formados apenas por mulheres que têm dificuldades de se comunicar ou são dependentes de cuidadores, no entanto. Muitas mulheres com deficiência articuladas, que não precisam de cuidadores, são parte dessas estatísticas também. Como eu. Talvez você e suas amigas também. Existem muitas maneiras entrelaçadas de a deficiência aumentar o risco já alto de agressão sexual que as mulheres enfrentam.

Não podemos falar de saúde ou de liberdade reprodutivas sem falar do estigma que cerca a deficiência e a sexualidade ou da falta de educação que mulheres com deficiência experimentam quando se trata de falar sobre consentimento, prazer ou contracepção. Ao longo da nossa história, mulheres com deficiência foram forçadas e coagidas à esterilização, pressionadas a fazer abortos, tiveram seu acesso a tratamentos de fertilidade barrado e foram criticadas por se reproduzirem.

Quando falamos de "equidade de salários" entre homens e mulheres, como ignoramos as taxas de desemprego entre mulheres com deficiência? É completamente legal pagar a funcionários com deficiência meros centavos por uma hora de seu trabalho. Isso vem sendo praticado legalmente há décadas e há empresas fazendo isso neste momento. Como isso não é parte da conversa a respeito da equidade de salários?

Quando você olha tudo junto, reunido em uma lista, não é estranho que essas histórias não sejam parte da discussão?

Fico pensando na conversa a respeito de cantadas naquele apartamento chique. Eu me pergunto: de que outra maneira aquilo poderia ter acontecido? Já tentei imaginar o que teria acontecido se eu *tivesse* compartilhado minhas histórias – de ter levado uma cantada e secretamente gostado disso, de ter homens gritando comigo em estacionamentos porque acham que preciso que eles me ajudem a colocar minha cadeira no carro mesmo quando estou fazendo isso facilmente bem diante dos olhos deles. O que eu levasse para a conversa teria dado complexidade ao nosso entendimento do patriarcado? Teríamos uma melhor compreensão dessa força ao considerarmos o efeito que ela tem nas mulheres que persegue *e* nas mulheres que ignora? Talvez acrescentar essas histórias pudesse convidar a uma exploração mais colaborativa da linha entre objetificação e admiração ou da relação entre patriarcado e capacitismo.

Não sei se minhas histórias nos teriam levado nessa direção – gosto de pensar que sim –, mas sei que a responsabilidade de mover essa conversa não pode ficar apenas nos ombros daquelas que só recentemente ganharam um lugar à mesa. Não é suficiente mandar o convite com os balões brilhantes. Aparecer em um espaço que historicamente te ignorou, apagou ou diminuiu é assustador e exaustivo. Mas se as responsáveis pela festa pararem por um momento, escutarem a recém-chegada e abrirem um espaço genuíno para a diferença, acredito que todo mundo ganha mais – mais espaço, mais flexibilidade, mais opções. Quer dizer, todas as meninas na festa realmente queriam estar no meio da piscina gritando e jogando água? Talvez algumas delas quisessem ficar do lado, onde as ondas eram mais calmas. Talvez algumas delas tivessem preferido nem molhar o cabelo. Talvez algumas quisessem dormir cedo, vestir shorts de basquete como pijama, falar de meninas bonitas em vez de meninos bonitos. Pode haver um pouco menos para aquelas que se acostumaram a ter a mesa toda para elas, mas no geral? Acho que incluir mais vozes significa mais para todas nós.

Conforme o feminismo cria mais espaço – conforme ele evolui, se expande e fica mais rico –, acho que ele está se tornando menos uma conversa a respeito de homens e mulheres e mais uma força para desmontar as estruturas de poder mais estabelecidas e empoeiradas. Esse feminismo mais forte pergunta quem tem poder e quem não tem, de onde esse poder vem, como desmontamos a grande disparidade entre os poderosos e os sem poder e quais são as formas alternativas de se acessar o poder e ao mesmo tempo cuidar uns dos outros. Acho que às vezes fazemos afirmações a respeito das experiências de "todas as mulheres" porque vivemos em um mundo que ignora com muita frequência aqueles às margens do poder estabelecido. Essas histórias deveriam ser ouvidas e amplificadas. Mas também acho que existem muito mais histórias para se acrescentar à coleção que começamos. Nuance é algo ao redor do que é mais difícil se unir, algo mais difícil de gritar em um megafone, mas também é mais firme e sustentável. Quando gritamos "*Pergunte a qualquer mulher!*", acho que deveríamos. Perguntar. Escutar. Adaptar. Expandir. Parece arriscado, eu sei. Mas festas na piscina também parecem.

# 7.
## As complicações da gentileza

Eu sou um ímã de gentileza. Como o centro de um buraco negro, meu corpo atrai todas as boas ações das fronteiras do universo até o pé da minha cadeira de rodas. Eu me movo por estacionamentos e shoppings, feiras e aeroportos, livrarias e bufês e as pessoas correm para me ajudar. Elas abrem portas e estendem a mão para ajudar, oferecem preces, agarram as manoplas da minha cadeira de rodas para empurrá-la, cuidam de mim e me estendem maços de dinheiro.

Certo, nem toda pessoa que entra na minha órbita de repente se coloca ao meu serviço. Existem muitas pessoas que não parecem me ver e algumas que na verdade são repelidas pelo meu ímã. Elas baixam os olhos, puxam a bolsa ou a criança para perto, erguem as pernas na direção do peito quando eu passo. (É, não é *muito legal.*) Mas é a abundância de gentileza que me confunde. É a mosca que não para de zumbir, não fica quieta tempo suficiente para eu acertá-la, não morre.

É inofensivo, na verdade. Que dano uma mosquinha pode causar? Mas então por que eu sinto vontade de pôr fogo na casa toda vez que ouço esse zumbido familiar? E vem a cereja horrível no topo da mosca: mais do que qualquer assunto a respeito do qual eu escreva, as pessoas não gostam do que eu tenho a dizer a respeito das complicações da gentileza. Porque, como a gentileza poderia ser qualquer coisa além de boa? O que eu posso querer das pessoas senão gentileza? E, sério, que tipo de bruxa ingrata eu devo ser para reclamar das pessoas tentando fazer coisas legais para mim? Eu já falei com pessoas suficientes para saber – essa conversa é desconfortavelmente disruptiva.

Enquanto cultura, os americanos estão bem convencidos de que a deficiência é algo que eles entenderam. Na verdade, esse é um quebra-cabeças resolvido anos atrás. Como o capacitismo pode existir quando memorizamos as regras? Não chame de certos nomes; não faça piada; a deficiência não define ninguém; só tente ajudar; e a regra que guia todas as regras: *seja gentil*. Eu vi muitas pessoas seguirem esse credo de uma forma ou de outra.

Como as pessoas que tentam me fazer um favor me mantendo separada desse meu corpo com deficiência: *tudo que eu vejo quando olho para você é uma linda mulher. Eu nem noto sua cadeira de rodas! Não penso em você como alguém com deficiência.* Isso é dito como uma gentileza, mas parece apagamento. As palavras escolhidas a dedo para aliviar as feridas da deficiência são elas mesmas armas que reforçam a crença profunda de que beleza e valor não podem coexistir com os desvios que todos nós sabemos que eu encarno.

Acho que entendo como isso acontece: se você vive em uma comunidade na qual a deficiência é apresentada como trágica, triste e inferior, então afirmar que você não vê esse suposto defeito parece um favor. Tentamos extrair a deficiência da pessoa porque achamos a deficiência feia e as regras nos dizem que essa separação é boa. Mas tentamos extrair a magreza, a educação de elite ou a riqueza de uma pessoa? Claro que não. Vemos essas características como inerentemente positivas. Talvez os indivíduos tenham essas características como parte de suas identidades, talvez não, mas enquanto cultura não decidimos graciosamente informar às pessoas que vemos além de seus corpos em forma, de seus diplomas chiques e de suas pilhas de dinheiro. Não existe nenhuma urgência em ignorar a magreza, nenhum desconforto em reconhecer educação, nenhum desejo impulsivo de se apagar a riqueza. No fundo de nosso entendimento cultural do que significa ser um humano com um corpo, colocamos a deficiência abaixo da não deficiência e do lado oposto de saúde, beleza, plenitude, sucesso e felicidade. Mas eu não preciso que minhas pernas paralisadas sejam apagadas para que eu seja vista como capaz, saudável, bonita, plena, bem-sucedida ou feliz.

Várias vezes as pessoas na minha vida e os leitores do meu trabalho ficam desconfortáveis com, mexidos por, ou hostis às histórias que eu compartilho a respeito de ser receptora de "gentilezas". Talvez seja porque tantos de nós tenham a "gentileza" como uma das qualidades mais importantes que uma pessoa pode possuir. Subverter nossa compreensão da gentileza é uma ameaça direta ao nosso sentimento de identidade e à nossa compreensão do mundo à nossa volta. Mas, sendo um Ímã da Gentileza veterano, notei que as tentativas das pessoas de Serem Gentis podem ser qualquer coisa entre restauradoras e humilhantes, úteis e traumáticas. É complicado.

Pelo menos umas oito vezes por dia, eu viro e jogo, puxo e giro minha cadeira de rodas para entrar e sair do meu querido e gasto Toyota Corolla 2007. Depois de mais de uma década de prática, a coisa toda leva trinta segundos. Na minha cabeça, eu faço essa transferência familiar com graça e uma agilidade foda, mas a reação de estranhos gentis sugere outra coisa.

Certo dia, estou a caminho de um café para corrigir trabalhos. Estou montando minha cadeira como uma campeã – estou voando – quando ouço um homem gritando comigo do outro lado do estacionamento. Eu o ignoro. Estou acostumada a fingir que não escuto as pessoas gritando comigo em estacionamentos. É seguro presumir que ele quer me ajudar, e eu tenho décadas de dados que atestam que ele não vai ser capaz de tornar essa tarefa nem um pouco mais fácil para mim. Eu tive uma fase, quando tinha 20 e poucos anos, em que eu costumava deixar as pessoas tentarem me ajudar. "Por que não deixá-las ganhar aquele sorriso enorme que vem de ser o Bom Samaritano?", eu pensava. Mas normalmente levava seis vezes mais tempo ensinar a elas os movimentos que eu poderia facilmente fazer sozinha. Minha benevolência com meus cuidadores em potencial não durou muito tempo.

Então eu estou montando minha cadeira e ainda consigo ouvir o homem gritando pelo estacionamento. Agora estou com o corpo da cadeira no chão ao lado do assento do motorista e estou pegando a primeira roda no banco de trás. Eu sou ágil, forte e capaz. Tenho certeza de que deve parecer difícil para alguém vendo pela primeira vez, mas eu nem penso nisso. A roda está firme na minha mão quando minha visão periférica nota o homem correndo na minha direção.

"Não caia! Não caia, não caia!", ele grita. Suas mãos estão estendidas para mim.

Eu paro e o encaro. Estou indignada e achando graça. Por que ele acha que estou caindo?

"Ah, eu estou bem!", digo. "Viu?" Eu puxo o corpo da cadeira para cima e começo a colocar a primeira roda no lugar.

O homem passa o peso de um pé para o outro, parecendo dividido. Eu posso parecer bem, mas com certeza não estou. "Ehhhh", o rosto dele se contorce enquanto ele me observa. Eu rapidamente monto a segunda roda, viro a cadeira para mim e me levanto para passar. "Ehhhh", ele grunhe de novo e, como se não conseguisse se segurar, grita de novo: "Não caia!".

Eu salto para a cadeira e pego minhas bolsas. Perdi a paciência. Não estou mais tentando ser agradável. Usei minhas palavras e demonstrei com minhas ações: *eu estou bem*. Por que ele não vê isso? Ele corre para abrir a porta para mim. Reviro os olhos.

Nas minhas três décadas de deficiência, a principal mensagem em torno de pessoas com deficiência é que devemos Ser Legais com elas (ou talvez um primo próximo, Não Ser Malvados). Independentemente de nossa idade, situação socioeconômica ou educação, aprendemos que pessoas com deficiência precisam de proteção e assistência. Se alguém tira sarro de uma pessoa com deficiência, a Pessoa Boa intervém e diz: "Pare com isso!". Ou, melhor ainda, soca O Valentão no rosto e grita "Fora!" enquanto O Valentão vai embora. A indefesa pessoa com deficiência se torna uma oportunidade para que Heróis e Vilões se definam. Se uma Pessoa Boa vê alguém com deficiência em dificuldades, ela tenta intervir. Oferece seu lugar. Estende a mão. (Especialmente se essa pessoa com deficiência não estiver pedindo dinheiro na rua ou mais auxílio governamental para sustentar sua independência. De alguma forma, essas versões de ajuda às pessoas com deficiência tendem a ser categorizadas como *muito* diferentes da mulher branca e bonitinha no estacionamento da Target colocando sua cadeira de rodas no carro sozinha.) Um dos meus alunos do último ano do ensino médio articulou essa sensação lindamente em uma das nossas discussões de sala: "Se eu estou em público e ignoro uma pessoa com deficiência que parece precisar de ajuda, fico parecendo um babaca. Então eu ajudo, porque não quero que as pessoas pensem que eu sou uma pessoa horrível". De onde estou, ele não parece ser o único que se sente assim.

Esse é o poder do roteiro capacitista unidimensional e profundamente arraigado na nossa cultura. Alguns corpos são Vítimas, outros são Heróis. Alguns corpos precisam de ajuda, outros corpos oferecem ajuda. Nós contamos e recontamos essas histórias e nos sentimos muito bem quando fazemos isso. Essa história não é apenas comum, ela é celebrada, exaltada, adorada. Como casamentos reais ou animais de espécies diferentes sendo amigos, nós não nos cansamos de histórias que envolvem bondade e deficiência. Eu sei disso por causa da internet.

Se você quer fazer com que uma história viralize, encontre uma pessoa com deficiência e se filme fazendo algo muito legal para ela. (Certo, mas não *faça* isso de verdade!) Essa fórmula precisa funciona repetidas vezes. Existe todo um gênero de histórias sensacionalistas na internet sobre líderes de torcida e estrelas de futebol americano convidando garotos com deficiência para a festa de formatura. Vá em frente, dê um Google – você vai ver: "Estrela adolescente do futebol americano se torna sensação na internet depois de levar sua melhor amiga com deficiência ao baile e dançar uma música lenta com ela" (no *Daily Mail*), "Essa estudante com deficiência foi chamada para a formatura da forma mais linda" (*Buzzfeed*) e "Quando os porcos voam: menina chama garoto com necessidades especiais para a formatura" (NBC4). Aparentemente, nós adoramos essa merda.

No verão de 2018, outra história de bondade e deficiência explodiu na internet, aparecendo em lugares como a BBC News e o *New York Times*. Todas as vezes, somos levados para a experiência de Clara Daly, de 15 anos. Ela estava sentada em um vôo quando ouviu o chamado: "Alguém sabe linguagem de sinais?". Ela descobriu que o voo incluía um passageiro surdo e cego, Tim Cook, e ninguém na equipe conseguia se comunicar com ele. Daly tinha começado a aprender linguagem de sinais mais ou menos um ano antes e, ao fazer os sinais na palma da mão dele, ela se tornou a intérprete entre Cook e o seu entorno, dizendo a ele que horas eram, pegando água quando ele tinha sede e conversando com ele durante o tédio do vôo. Há quatro fotos desse encontro tiradas por um passageiro que postou a história em sua página do Facebook. O post foi compartilhado centenas de milhares de vezes em uma semana. Em três das quatro fotos, a câmera está focada em Daly. Ela é a estrela da foto, o rosto que atrai nossos olhos. Essas imagens reaparecem em todas as matérias. O rosto de Daly é jovem e brilhante. Seu cabelo loiro e suas bochechas coradas parecem quase sobrenaturais sob a luz que entra das janelas. O rosto de Cook está obscurecido. Vemos a parte de trás de sua cabeça, a lateral de sua barba no canto da foto cortada. Ele é apresentado como uma nota de rodapé, a sombra nas margens, o objeto incidental no quadro. O post viral original do Facebook já foi apagado, mas a autora se lembrava do momento como "um lindo lembrete nesse tempo de tanto horror [...] de que ainda existem pessoas muito boas que estão dispostas a cuidar umas das outras". A própria Daly expressou surpresa com a viralização da história.

Em uma entrevista à rede de notícias local, Cook disse que está acostumado ao isolamento e agradeceu Daly por ajudá-lo. Esse detalhe acrescentou uma pitada de melancolia à história e seguiu sem ser examinado. O título do artigo não era "Homem surdo e cego ilumina exclusão social das comunidades com deficiência". O artigo não incluía nenhuma fagulha de interesse em resolver o problema do estigma ou do ostracismo social que vêm com a deficiência, nem mesmo como tornar aviões mais acessíveis para pessoas com deficiência. Na verdade, parecia se agarrar à ideia de que é claro que alguém naquele corpo estaria isolado. Mais do que qualquer coisa, os eventos reais foram transformados em uma celebração melosa dos quarenta e cinco minutos durante os quais uma menina bonita conversou com um homem com deficiência em um avião para que os leitores pudessem ter a sensação de receber um abraço. O mundo não está todo fodido! Graças a Deus.

Eu entendo. O mundo é obscuro e assustador, e precisamos de mais "notícias" que nos façam sentir bem para balancear a tempestade de merda dos eventos atuais. Essas notícias não tentaram resolver o problema do capacitismo, mas elas são realmente tão ruins? Quero dizer, qualquer forma de estender uma mão, tentar ajudar, estar lá para outra pessoa não é digna de celebração? O mundo está fervilhando de crueldade e ódio – não podemos olhar para os pedaços de bondade que encontramos?

Mas aqui vai o problema: nós ignoramos as perspectivas, as histórias e as vozes das pessoas com deficiência por tanto tempo que suas *verdadeiras* necessidades, seus sentimentos e suas experiências são dificilmente reconhecidos e muito menos compreendidos. Nossos impulsos-padrão nos puxam com firmeza e consistência para a perspectiva dos "ajudantes capazes". Nós olhamos pelos olhos dessas pessoas com tanta frequência, estamos tão dispostos a nos identificar com elas, tão prontos a celebrar sua generosidade, que nos esquecemos de fazer ao menos uma das muitas perguntas flutuando em volta das pessoas com deficiência recebedoras dessa "ajuda". Tipo, como foi essa experiência para você? Você queria a ajuda de alguém? Foi sequer útil de verdade? Que necessidades você realmente tinha naquele momento e que seguem ignoradas ou mal-compreendidas? O que poderia ser posto no lugar que anteciparia essa necessidade para que você não fosse forçado a depender da gentileza de um estranho aleatório que pode ou não estar lá da próxima vez? Você sabia que estava sendo filmado ou fotografado? Você quer que essas imagens sejam compartilhadas? Por toda a internet? Esse momento fez você se sentir um espetáculo? Quantas vezes você já foi posto nessa posição antes?

Esses tipos de artigo e post nas redes sociais se recusam a olhar para o quadro maior. Eles não examinam por que existe um estigma social tão grande em levar uma pessoa com deficiência a um baile da escola ou por que as companhias aéreas aceitam alegremente o dinheiro de clientes como Tim Cook quando não têm planos para acomodá-las. Em sua tentativa de celebrar algo que se parece com bondade, esses artigos e posts reforçam uma história velha e punitiva que mantém as pessoas com deficiência do lado de fora, ao longe, no fundo.

Eu tenho cerca de 17 anos e estou pegando um ônibus escolar até St. Louis para uma excursão de fim de semana do grupo de jovens junto com meu namorado Sam. Nós somos os "líderes" de um grupo de alunos do fundamental, e depois de doze horas eu já estou exausta. Pelo nosso cronograma, temos que passar por algumas cavernas turísticas de St. Louis. Elas são claramente inacessíveis, mas eu gosto da ideia de ter uma folga de uma hora.

Quando o grupo faz fila perto da entrada do tour, eu casualmente menciono que vou encontrá-los na saída.

"Bek! Eu posso simplesmente te carregar!", diz Sam. Ele me carrega para muitos lugares, e normalmente é algo bem-vindo e fácil. Há lugares em que minha cadeira de rodas não chega, e o corpo de Sam se torna uma extensão do meu quando nos aventuramos para além das fronteiras do "acessível para deficientes". Eu gosto disso em nós. Mas dessa vez estou cansada. Além do mais, eu não ligo a mínima para essas cavernas.

"Sam, é tipo um quilômetro e meio lá dentro", digo. "Não seja ridículo."

"Ah, não é nada!", ele diz, flexionando os bíceps como um super-herói de desenho animado. Ele passa a maior parte dos seus dias imitando Mel Gibson em *Coração valente*. Carregar uma garota por uma caverna seria bem adequado.

"Não, mesmo. Eu vou passar essa", digo. "Vai ser um bom descanso."

"Você pode por favor só me deixar te carregar?", Sam pergunta alto. Algumas outras pessoas estão ouvindo agora.

"Eu realmente não quero", eu murmuro, tentando manter essa conversa privada.

Sam se ajoelha na minha frente, me olhando com seus olhos redondos verde-kiwi emoldurados por cílios escuros. "Por favor, me deixe te carregar", ele diz, agora baixo.

"Awwnn", algumas meninas dizem ao mesmo tempo, logo atrás de nós.

Eu olho de Sam para o grupo de meninas nos observando de lado. Por que digo sim? Quem eu estou tentando agradar? Que bem eu acho que isso vai fazer?

Nós deixamos minha cadeira de rodas com um dos guias, e eu passo meus braços em volta do pescoço de Sam enquanto ele segura minhas pernas. Começamos a longa caminhada pelas cavernas escuras e úmidas. Depois de uns trinta metros, sei que cometi um erro enorme. Meu peito e meu rosto estão apoiados nas costas suadas de Sam, e meus braços e meu pescoço logo começam a doer. Quando chegamos a um canto apertado, Sam se inclina e eu vejo a luz forte e branca de um flash atrás de nós. Eu me viro e vejo uma das meninas que se derreteu em "awwnns" alguns minutos atrás rodando o filme de sua câmera descartável. Ela continua a tirar fotos de Sam me carregando pela caverna durante todo o tour, mais interessada na performance de herói e donzela do que nas cavernas em si. Se isso tivesse acontecido hoje, teríamos nos tornado mais uma história viral da internet? Consigo até ver: "Garoto corajoso carrega menina com deficiência por caverna: existe esperança para a humanidade, afinal!".

O passeio pela caverna me dá a sensação de escalar toda a circunferência da lua. A cada passo, eu me pergunto se meus ombros vão sair do lugar. Eu me sinto uma mala, uma deformidade crescendo nas costas de Sam. Quando finalmente chegamos ao outro lado da caverna, precisamos esperar alguns minutos para que minha cadeira chegue. Sam me ajuda a me apoiar em uma parede e pessoas começam a parabenizá-lo por me carregar por tanto tempo.

"Cara, isso foi incrível", elas dizem. "Não acredito que você a carregou esse caminho todo."

Sam não age como se fosse grande coisa. Mesmo assim, não quero que ele me toque. Quando minha cadeira chega, vou até ela como se fosse minha mãe.

Eu tenho 24 anos, estou recém-divorciada e me virando em meio às tarefas diárias de morar sozinha. Estou saindo do supermercado com uma enorme ecobag no colo na qual organizei perfeitamente uma pilha de toranjas, caixas de leite e iogurte, cereal e pipoca de micro-ondas. Estou orgulhosa das minhas habilidades de empilhar compras. Também estou ciente de que a torre de compras parece precária para os passantes e de que parte desse ritual inclui uma série de alegres e casuais "não, obrigada" para as inevitáveis ofertas de ajuda. Eu nego a ajuda por muitos motivos, como eu estar realmente bem; porque trazer outra pessoa para essa dança na verdade seria mais difícil do que só completar a tarefa sozinha; e porque eu amo a sensação que me dá encher minha sacola imensa, transferi-la para o carro, carregá-la para o meu apartamento e colocar cada item em seu canto específico do meu armário. Sei que parece que não, mas de verdade, eu consigo.

Nesse fim de tarde em particular, a luz está diminuindo e o ar bate fresco no meu rosto. Estou quase no meu carro quando um homem da idade do meu pai se oferece gentilmente para me ajudar. "Ah, não, obrigada!", digo. "Eu tenho todo um sistema." Aponto com a cabeça na direção do assento do passageiro e agito minhas mãos de um lado para o outro. *É elaborado e eu não quero te ensinar*, estou tentando dizer.

Ele me olha como se eu tivesse dito que estou prestes a saltar por cima do meu carro. "Tudo bem", ele diz, dando cinco passos para trás para se apoiar no carro estacionado ao lado do meu e cruzar os braços. Seus olhos não saem de mim ou das minhas compras.

Começo minha coreografia: colocar a sacola no chão do lado do motorista, me transferir da minha cadeira para o carro, tirar as rodas da cadeira e jogá-las no banco de trás, puxar o quadro da cadeira de rodas por cima do meu corpo e colocá-la no assento do passageiro e, finalmente, erguer a sacola gigante de compras por cima do meu corpo para aninhá-la no corpo da minha cadeira de rodas e dirigir para casa. Um pouco elaborada, mas não mais do que passar fio dental, se vestir de manhã ou lavar a roupa – depois que você já fez vinte vezes, nem pensa mais.

Eu tento ignorar o peso dos olhos do homem sobre mim, mas sinto minhas mãos começarem a tremer. *Por favor, só vá embora,* eu imploro em silêncio. Minhas têmporas e meu lábio superior estão úmidos. A presença dele parece um desafio, uma ameaça, uma aposta de que estou blefando. Estou com pressa e atordoada, mas já fiz todos os passos, menos o último. Estou tentando puxar a sacola de compras por cima do meu corpo, mas ela fica presa, e quanto mais eu puxo, mais agitada me sinto e mais difícil fica de respirar.

"Na verdade", digo, finalmente usando minha voz, "você está me deixando muito desconfortável. Você poderia por favor parar de me olhar?"

Sem dizer uma palavra, ele anda para o outro lado do carro e fica de costas para mim, ainda a menos de cinco metros de distância. Para que eu possa chamá-lo quando encarar a realidade inevitável de que não posso fazer essa tarefa sozinha? Começo a tirar cada item da minha sacola e jogá-lo no assento do passageiro. Preciso sair daqui. A sacola fica menor, eu a puxo para cima, bato a porta e saio voando do estacionamento. Aguento dois semáforos antes que lágrimas comecem a escorrer pelo meu rosto.

Eu tenho 27 anos e estou vivendo a vida de uma cansada e sobrecarregada aluna de pós-graduação. Estou sentada sozinha em um café agitado, com fones de ouvido para fingir que estou sozinha e invisível, apesar de todas as mesas à minha volta estarem ocupadas. Estou no meio da correção de pilhas de trabalhos de inglês. Uma garota se aproxima da minha mesa, e eu continuo trabalhando, esperando que meus dedos ocupados digitando a afastem, mas consigo vê-la em minha visão periférica, parada por perto, seu sorriso brilhante e prestativo. Eu tiro um fone e olho para cima.

"Oi, meu nome é Lydia!" Ela sorri mais.

"Oi, Lydia", eu digo. Dou um sorriso também. Espero que seja um sorriso do tipo que diz: *Você está se intrometendo, mas eu estou sendo paciente com você.*

"Qual é o seu nome?", Lydia pergunta.

*Por que eu te diria meu nome?*, penso. "Rebekah", digo.

"Oi, Rebekah. Eu estava sentada naquela mesa ali", ela aponta para um ponto do outro lado do salão, "e senti que Deus colocou no meu coração rezar por você. Posso rezar para que você se cure e possa andar?"

O sorriso dela é firme e doce, e minha cabeça explode com a palavra "não". *Não. Não. Não, não, não, eu não quero que você reze pela minha cura. Como se meu "final feliz" não fosse chegar a menos que eu me mova de um lugar para o outro com pernas em vez de rodas?* Lydia consegue ver os efeitos do câncer infantil nas minhas pernas incapacitadas, mas ela não consegue ver nada além disso.

Ela está se arriscando comigo – estendendo a mão em um mundo de estranhos, tentando o que eu sei que ela vê como uma gentileza. Mas em um salão cheio de todo tipo de corpo, ela me marcou como a Defeituosa, e ela mesma como o Caminho para Minha Restauração. "Ah, não, obrigada", respondo. "Eu não acho que fico confortável com isso." Estou muito orgulhosa de mim mesma por dizer não. "Não" é uma palavra nova no meu vocabulário, e me dá uma onda de orgulho e culpa usá-la agora.

"Eu não quero fazer nada que vá te deixar desconfortável", Lydia diz. "Eu poderia só abençoá-la?"

Eu paro. Eu busco meu não. Mas quem diz não a uma bênção? Eu não quero ser a mulher mal-humorada em uma cadeira de rodas, estragando a festa de uma moça sorridente e otimista.

"Está bem", digo.

Lydia coloca a mão no meu ombro; meu estômago sobe para minha garganta. Ela precisa colocar a mão em mim? Na verdade, por que ela precisa me envolver? Ela não poderia só ter dado uma rezadinha lá do lugar dela? As pessoas estão começando a olhar.

Lydia começa sua oração. "Deus, eu quero pedir uma bênção para Rebekah nesta tarde."

Encaro minhas mãos no meu colo, evitando os olhares da mesa de alunos de medicina à esquerda e do casal idoso à direita. O que será que eles acham desse espetáculo acontecendo diante deles?

"Você a ama mais do que todas as estrelas no céu e mais do que todos os grãos de areia nas praias", Lydia continua, sua mão ainda pousada no meu ombro rígido. "Deus, eu rezo para que você traga cura para Rebekah..."

Espera aí, cura? Cura, como na reza para a qual eu disse não?

"Traga cura para Rebekah na forma em que ela necessitar dessa cura."

*Muito bem*, eu penso. Que manobra esperta. Talvez você ainda consiga o que quer e eu me levante dessa cadeira e caminhe por aí.

"Amém", ela termina.

"Obrigada, Lydia. Isso foi muito gentil da sua parte", digo, me odiando enquanto expresso gratidão pela coisa que me fez me sentir tão pequena.

Por que eu não posso deixá-la saber como ela me fez sentir? Eu a estou protegendo ou a mim mesma? Lydia volta para sua mesa, e eu encaro meu reflexo na tela do computador me sentindo vazia. *Pare de fazer drama*, penso. *Uma garota doce te deu uma bênção. É como se você estivesse emburrada porque gatinhos querem carinho demais.* E, ainda assim, minha garganta se aperta e meus olhos marejam.

Essas histórias são apenas três das muitas que foram polvilhadas generosamente ao longo dos meus últimos 30 anos. Elas captam um tipo de gentileza autocentrada que busca alimentar um ego, uma gentileza interessada em reivindicar o papel heroico da história, uma gentileza que mal nota as verdadeiras consequências das "boas ações" sendo oferecidas. Como se carregasse um para-raios em meio a uma tempestade, corro o risco de ser atingida por essa versão da gentileza sempre que saio de casa.

Essa é a parte do ensaio na qual alguns leitores começam a franzir o cenho. "Então como eu devo ser útil? Você está me dizendo que não posso abrir a porta para uma pessoa com deficiência? Abro a porta para todo mundo! Como eu vou saber quando alguém quer ou não quer a minha ajuda? Quais são as regras?" Essas perguntas me lembram um pouco do tipo de questão que surge quando tentamos falar sobre consentimento sexual. Seres humanos são complicados e a comunicação pode ter nuances. "Não, por favor não. Isso está me deixando desconfortável" nem sempre é algo expressado com linguagem direta. O ponto aqui é prestar atenção ao ser humano à sua frente. Que sinais ele está te dando? Que expressão você vê no rosto dele? Mesmo que isso não seja intuitivo para você, preste atenção aos olhos da pessoa – eles estão evitando seu olhar ou olhando para você como quem quer essa conversa? Se você não tiver certeza, sempre pode perguntar, mas se alguém disser "Não, obrigada", escute. Você pode errar às vezes, mas por favor não deixe o desconforto de "bagunçar as coisas" te fazer jogar as mãos para o alto e sair da conversa. Porque essa parte aqui...? Não é realmente sobre você.

Essa resistência profunda que encontro toda vez que sugiro que compliquemos nosso entendimento da gentileza é tão consistente que acho que vale ser interrogada. O que nosso apego a esse tipo de gentileza nos dá? E por que nos sentimos ameaçados pela proposta de abandoná-la? Tenho um chute baseado na minha própria experiência do privilégio.

Quando temos acesso ao mundo de uma maneira que os outros não têm, com frequência nos sentimos culpados. Quer reconheçamos a fonte ou não, existe um desconforto em ver outra pessoa tendo dificuldade para circular por espaços pelos quais nos movemos com facilidade. Podemos aliviar parte desse desconforto quando estende-mos a mão e puxamos alguém conosco. *Ufa! Eu não sou um daqueles babacas privilegiados normais. Eu me importo, droga!* Mas nosso pró-prio desconforto é a força motriz dessa interação, e quando estamos focados em aliviar nosso próprio desconforto, não estamos olhando de verdade para o rosto da pessoa cuja mão nós pegamos. Esse sen-timento de desconforto é algo sobre o qual vale refletir – é uma ban-deira vermelha, sinalizando que algo precisa de atenção –, mas a reação instintiva ao desconforto pode fazer mais mal do que bem. Reações cuidadosas requerem tempo e reflexão. De que a pessoa à sua frente precisa de verdade? Você sequer sabe? Isso é realmente um problema individual a ser resolvido no momento? Ou esse encontro individual revela uma mudança estrutural que precisa ser feita?

Estou resolvendo algumas coisas uma tarde, usando minhas botas favoritas com bico de metal e cadarços vermelhos. Eu as encontrei em uma loja de artigos de trabalho vintage. Elas são pesadas, gran-des e me fazem sentir selvagem e poderosa. Eu encosto no mecânico e vejo um homem me observando quando puxo minha cadeira para fora do carro e a monto na calçada. Esse cenário termina comigo me sentindo pequena com tanta frequência que meu alarme soa antes mesmo que eu processe as emoções. Sinto o suor brotar no meu lábio superior enquanto me ordeno a montar a cadeira em velocidade turbo, antes que ele possa me ler como desesperada e falha. *Estou bem – juro! Você está vendo quão rápido eu me movo? Consegue dizer quantas vezes eu já fiz isso? Dá para ver como sou capaz?*

E então eu o escuto. Uma frase simples e causal. "Parece que você dá conta disso", ele diz.

Ergo os olhos. "Sim!", digo. "Eu dou."

Quando finalmente encontrei uma casa para morar que eu pudesse pagar e fosse "acessível o suficiente", depois de meses e meses de procura, assinei o contrato o mais rápido que pude. A casa tinha alguns degraus que levavam à porta da frente, mas isso parecia um problema que podia ser resolvido. Com certeza alguém poderia construir uma rampa para mim. Mas eu logo notei que essa tarefa era muito mais difícil do que eu tinha imaginado. Eu não sabia exatamente por onde começar, então liguei para o Departamento de Habitação de Kansas City. Afinal, sua missão declarada era "desenvolver, reabilitar e gerenciar habitação acessível, decente, segura e higiênica de forma a promover igualdade de oportunidades". Liguei e perguntei se havia programas que pudessem me ajudar a construir uma rampa na minha casa. Eles agiram como se eu fosse meio ridícula por perguntar. Mandei e-mails para alguns pedreiros e eles também agiram como se meu pedido fosse absurdo. Então, meu irmão encontrou uma organização chamada Hope Builders [Pedreiros da Esperança]. Como bruxos bons com poderes mágicos, esse adorável grupo de humanos veio à minha casa, comprou e trouxe todos os seus materiais e construiu um verdadeiro caminho da liberdade para minha casa, tudo em uma manhã. Diferente de montar minha cadeira, eu precisava de ajuda com aquilo. Eles haviam identificado uma necessidade real e poderosa em nossa comunidade e foram trabalhar para responder a essa necessidade, de forma prática e sistemática.

Não estou aqui para dizer a ninguém que não se deve nunca ajudar um estranho em um estacionamento ou que a pessoa precisa abrir uma ONG para poder ser realmente boa. Mas quero incentivar um reexame de quando atos de cuidado são, realmente, gentis e úteis. No roteiro capacitista que move tantas de nossas interações, as pessoas com deficiência ou são as vítimas indefesas que precisam da ajuda de um herói para sobreviver ou as figuras inspiradoras que influenciam personagens sem deficiência a serem gratos por suas lindas vidas em corpos capazes. A realidade, é claro, é muito mais complicada. Como todo mundo, pessoas com deficiência tanto são capazes quanto precisam de ajuda. Como qualquer outro humano, suas competências e necessidades são únicas. Você precisa prestar atenção para compreendê-las. E pode muito bem ser que a coisa mais "gentil" que você pode fazer com esse privilégio desconfortável que você possui é ajudar alguma organização como a Hope Builders.

Então, quando penso em uma gentileza que de fato faz o bem a quem a recebe, não estou pensando na pessoa que me passa um guardanapo quando me me vê tentando alcançar a pilha colocada em um balcão alto do restaurante; em vez disso, estou pensando na pessoa que nota que os guardanapos estão fora do alcance de qualquer um que é mais baixo, usa uma cadeira de rodas ou não pode esticar os braços e muda os guardanapos de lugar. Uma gentileza que traz facilidade significativa e acesso leva a mudanças sustentáveis, sistemáticas e empoderadoras que tornam o mundo mais acessível para mais pessoas. Parece simples o suficiente, não é? Mas historicamente a aplicação desse tipo de gentileza ainda se bagunça com facilidade.

Minha melhor amiga, Bertie, me convida para um evento de caridade chique em favor de uma organização que apoia crianças com deficiência. Eu tiro um vestido preto do fundo do meu armário, aliso meu cabelo e visto uma meia-calça com um rasgo enorme na parte de trás que eu escondo me mantendo inocentemente sentada na minha cadeira como uma dama de classe. Acontece que eu não passei muito tempo circulando pela cena de eventos chiques, mas faço o melhor que posso para parecer arrumadinha.

Estou nervosa com esse evento, e não só porque meu guarda-roupa normal é feito de leggings e moletons. Com todo o seu brilho e generosidade, a premissa dessa organização – desse evento – se apoia em uma história problemática. Deficiência e caridade andam de mãos dadas há muito tempo em um relacionamento confuso e frequentemente disfuncional que mostra o quão fácil é para boas intenções virarem exploração. Charles Dickens capturou uma primeira versão dessa dinâmica com seu personagem lamentavelmente frágil e incansavelmente alegre Pequeno Tim. Publicado em 1843, *Um conto de Natal* foi escrito e lido em um período no qual cada vez mais pessoas se feriam ou eram empobrecidas pelo trabalho fabril, e em que pastores cristãos pregavam com fervor para que seus fiéis cuidassem dos "menos favorecidos". Eis que surge o Pequeno Tim, a criança mais doce e mais doente que você vai encontrar, completa com uma pequena muleta e uma tosse de partir o coração. (A tosse dele é mesmo descrita no livro? Eu nem me lembro! Só sei que não consigo imaginar o Pequeno Tim sem um sorriso fraco e uma tentativa ainda mais fraca de limpar os pulmões.) Esse carinha serve como o empurrão ético de que Ebenezer Scrooge precisa para completar sua transformação moral. A única coisa que consegue tocar o coração gelado de Scrooge é a visão do túmulo do Pequeno Tim, uma morte que poderia ter sido evitada por sua própria fortuna.

Não há dúvidas: essa história é de Scrooge. O Pequeno Tim está aqui para inspirar a generosidade de Scrooge, para transformá-lo de um avaro amargo em um filantropo alegre. Yay! Nosso herói improvável descobriu o segredo da vida! Essa história foi escrita quase duzentos anos atrás, mas ela segue sendo o roteiro padrão que seguimos e ondula no fundo da minha mente enquanto me arrumo para o evento, me sentindo cautelosa, mas esperançosa. É o século XXI, afinal.

Assim que passamos pelas portas douradas e entramos no burburinho da festa, fico chocada com o glamour e a elegância. O salão opulento com tetos brilhantes e ornamentados, uma escadaria coberta de veludo vermelho, lustres reluzentes e garçons circulando com delicadas bandejas de bebidas espumantes, vestidos esvoaçantes e sorrisos encantadores me transportam. E não são só a decoração e as roupas luxuosas. Eu rapidamente sou tocada pelo calor, cuidado e paixão que sinto das pessoas por trás da organização. Caminhamos por um labirinto de mesas redondas e chegamos aos nossos lugares, onde encontramos cartões escritos à mão pela organizadora do evento. Ela deve ter escrito centenas de cartões desses! Ela visita nossa mesa irradiando simpatia e uma bondade sincera. Honestamente, acho que vejo estrelinhas no ar em volta dela. Ela é igual no palco, em frente a um enxame de pessoas de cabelo arrumado, terno e meia-calça nova. Ela descreve o objetivo principal da organização, que é levantar fundos para tornar Kansas City mais acessível. Esse projeto em particular busca desenhar um parque acessível, porque todas as crianças merecem acesso ao ar livre. A visão que ela descreve ressoa em meu coração – vamos tornar o mundo um espaço mais inclusivo para todos nós. *Sim! Vamos! Por favor!*

Enquanto aplaudo com fervor da minha mesa, estou à vontade. Bebo meu gin-tônica, belisco todas as delícias no meu prato (e no prato de Bertie) e converso com as outras pessoas arrumadas e elegantes da minha mesa. Embora essa organização ainda se chame de "caridade", ela parece estar colocando o foco em mudanças que realmente empoderariam a comunidade de pessoas com deficiência. Em vez de simplesmente nos colocar como dependentes dos raros presentes de nossos benfeitores sem deficiência, ela busca mudar a paisagem e abrir caminho para que nos juntemos ao grupo através do acesso. Isso é bom.

Em meio ao meu espírito alegre, Bertie e eu decidimos que precisamos de mais massa. Qual o propósito de me arrumar se isso não vier com toda a massa que você puder comer? Eu me impulsiono rampa acima até o canto do salão, mas começo a perder força mais ou menos dois terços antes do topo. (É íngreme. Além do mais, eu nunca faço exercício. Além do mais, gins-tônicas.) Bertie me ajuda e nós circulamos pelas mesas de comida, espiando cada bandeja fumegante de delícias. Enquanto eu rodo por ali, serpenteando em meio a elegantes socialites, um sentimento familiar toma conta de mim. Me mover em uma sala cheia de pessoas em pé conversando nunca foi minha coisa favorita. Meu corpo carrega incontáveis memórias de cenas parecidas, voltando até a sétima série, quando todos aqueles corpos suados e pré-adolescentes se agrupavam antes de sermos soltos para nossas primeiras aulas. É um sentimento familiar – estar presa, cercada, invisível, sendo encarada, pessoas tropeçando em mim, falando por cima de mim. Mas agora eu sou uma adulta em um vestido preto e meia-calça que parece intacta.

Eu consigo fazer isso. Encontro a mesa com as bandejas cheias de macarrão fumegante em molho marinara e ergo meu prato pedindo mais, mas ainda assim há um sentimento sombrio que não consigo afastar. *O que é isso?* Quando tento descer lentamente pela rampa sem que o prato de massa deslize para fora do meu colo, entendo. Não vejo nenhum outro adulto com uma deficiência visível aqui. De repente, eu me sinto como se estivesse em um evento de caridade para zebras, e eu sou aquela que escapou da sua jaula e está correndo selvagem pela multidão de pessoas bonitas na festa.

Quando Bertie e eu voltamos para nossa mesa, as luzes estão diminuindo e o programa vai começar. Eu sou acalmada pelas fotos do parque que eles estão construindo. Design universal! Todo mundo ganha! É por isso que estamos aqui. Eles descrevem a missão e eu aplaudo. Então a coisa muda para o "entretenimento" da noite. Eles apresentam o primeiro artista com um vídeo. É um músico que tem uma irmã com deficiência. O vídeo capta a proximidade deles, seu afeto mútuo. Então o irmão músico sobe no palco. Ele canta algumas músicas, nós aplaudimos e eu fico confusa. *Por que esse músico? Por que o vídeo com a irmã com deficiência? Estamos apoiando a irmã ao apoiar o irmão dela? A irmã dá credibilidade ao irmão para cantar em um evento de caridade? Não havia cantores com deficiência disponíveis para esse show? O que está acontecendo?*

Então as dançarinas sobem no palco. Um grupo de meninas adolescentes com collants combinando e saias rodadas saltitam para o palco, cada uma empurrando uma menina numa cadeira de rodas. Todo o meu corpo fica tenso. Eu sinto um desconforto silencioso e gelado se mover pelas pessoas à minha volta e me pergunto de onde vem o desconforto delas. Imagino que não seja o mesmo que o meu. Sentada à minha mesa, a única adulta com uma deficiência visível no salão, estou pensando em mim aos 7 anos de idade, aprendendo a deslizar e girar na minha primeira cadeira de rodas. Ela era rosa--choque e eu amava a forma como ela deslizava e girava, respondendo à menor pressão das minhas mãos. Eu colocava Amy Grant no rádio e dançava com todo o meu corpo e a cadeira. Fiz minha própria coreografia de cadeira de rodas com empinadas e zigue-zagues para trás. Eu imaginava dar minhas próprias aulas de dança com cadeira de rodas. Eu amava dançar e dançava muito, até que meus sonhos de 7 anos foram sufocados pela vergonha que aprendi a sentir do meu próprio corpo e a forma esquisita como ele se movia. *Isso não é dançar!*

Mal consigo respirar enquanto assisto às meninas no palco. As meninas que andam empurram as meninas sentadas para a frente, então começam a coreografia atrás delas. Elas movem seus braços e pernas no ritmo da música, saltando e ondulando, girando e descendo em sincronia, enquanto as meninas nas cadeiras de rodas ficam sentadas, fixas, plantadas na frente, algumas delas sorrindo, uma sacudindo os braços. No meio da performance, as dançarinas começam a empurrar as meninas de cadeiras de rodas pelo palco. Qual é o propósito dessa parte da apresentação? É para a plateia? Ou para as garotas nas cadeiras de rodas? Isso é divertido para elas? Eu me pergunto: será que essas meninas em suas cadeiras de rodas inventaram suas próprias danças em casa? Por que não podemos ver isso? Tem muita coisa que não entendo dessa cena acontecendo no palco, mas uma coisa está clara: as meninas que andam são as dançarinas, e as meninas nas cadeiras de rodas são usadas como objetos.

Não sei se as meninas nas cadeiras de rodas gostam de fazer parte dessa apresentação. Pelo menos uma delas parece estar se divertindo. O que eu sei é que rituais parecidos na infância deixaram marcas em mim, embora eu não tivesse a linguagem para expressar a dor na época. Sentada na plateia, assistindo a essa dança esquisita, eu agora penso em mim aos 9 anos de idade. Ainda na minha cadeira de rodas rosa-choque, eu me sentava com a minha mãe em palcos de igrejas, diante de plateias. Eu sabia que estava lá para testemunhar sobre a bondade infinita de Deus. Eu não sabia bem o significado por trás das palavras que eu dizia, mas sabia que uma história estava acontecendo atrás de mim que era muito maior do que eu. Assim como as meninas sentadas na frente do palco enquanto as verdadeiras dançarinas saltavam atrás delas, eu também tinha sido a criança-objeto sorridente em performances.

Depois do número de dança, começa o leilão. É por isso que todas as pessoas chiques estão aqui reunidas. Esse é meu primeiro leilão de verdade, e sou conquistada pelo ritmo hipnótico da fala do leiloeiro. Ele está arrancando dinheiro de todas as carteiras de couro e bolsinhas decoradas de joias como um ímã humano, e a soma gigante dos fundos se acumulando cresce lentamente na tela atrás dele. Conforme a noite avança e as doações diminuem, eles começam a trazer algumas das meninas de cadeira de rodas de volta para o palco. Elas são novas – não devem ter mais que 10 ou 11 anos? Uma por uma, cada menina conta quão animada está pelos parques inclusivos. Um dos anfitriões, um homem de smoking, inclina-se com um microfone para perguntar a uma das meninas se ela tem algo a dizer para as pessoas chiques. "Por favor, nos deem dinheiro!", ela grita. A sala ressoa com risadas sofisticadas.

A caminho de casa naquela noite, eu me sinto nojenta. Quero celebrar os parques acessíveis, pura e simplesmente. Não quero ser a rabugenta, sempre criando caso por causa das falhas problemáticas de gente que só está tentando tornar o mundo melhor. Por que não consigo só me sentir bem com todo o dinheiro arrecadado e seguir em frente? Genuinamente acredito que a organização quer tornar o mundo mais inclusivo para pessoas com deficiência. Também acho que eles ilustram quão fundo vão as raízes do capacitismo. Colocar pessoas com deficiência na posição de mendigos é uma narrativa velha e punitiva e, embora saibamos que ela desperta os sentimentos que levam a doações, ela também perpetua o capacitismo que essa organização luta para combater. Ela mantém as pessoas com deficiência em posição de indefesas, pequenas, Outras. Nós desmontamos o capacitismo e criamos inclusão quando invertemos esse roteiro – quando demonstramos que a deficiência é uma categoria nublada e mutante que incentiva mais cuidado, flexibilidade e acesso para todos os corpos humanos. Mesmo assim, e simultaneamente, é difícil se ater ao quadro maior e mais significativo quando existem pessoas que precisam de auxiliares de mobilidade, rampas e acesso – e elas precisam disso agora. O quadro maior pede mudanças que levam eras para serem conquistadas, e nós raramente temos o luxo de poder esperar.

Dias depois, ainda não consigo afastar o sentimento. Escrevo um rascunho de um e-mail para a mulher que comanda a organização, mas, no fim, acho que nem considero enviá-lo. Não consigo criticar essa mulher adorável e bem-intencionada.

Depois que o homem gritou "Não caia! Não caia!" pelo estacionamento, comprei um café e estacionei em uma mesa com mais uma pilha de trabalhos de alunos para corrigir. Fiquei olhando pela janela, minha mente girando em torno de reclamações a respeito de todos esses capacitistas presumindo coisas e fazendo me sentir menor. Quando finalmente saí do meu devaneio, percebi que estava atrasada para encontrar meu amigo Joe para o cinema. Ele me encontraria em casa em alguns minutos. Corri para o carro, desmontei a cadeira voando e dirigi para casa em uma velocidade ilegal.

Quando eu o vi esperando por mim na entrada, corri para me desculpar por estar atrasada. "Nossa, desculpa mesmo, Joe! Por que eu estou sempre atrasada para tudo o tempo todo? Antes de irmos, eu só preciso pegar uma coisa em casa rapidinho, mas Joe, você não vai acreditar nesse cara no estacionamento hoje!" Enquanto eu mergulhava para dentro de casa, recontei, com a velocidade animada oferecida pela cafeína e a adrenalina, a ideia obtusa que o homem fez das minhas capacidades. "Ele só ficava gritando 'Não caia, não caia!' para mim!", eu disse. O sol estava forte, o ar estava quente e eu me sentia forte e poderosa enquanto contava o absurdo do homem à luz das minhas óbvias força e agilidade. Cheguei à rampa que levava à porta dos fundos da minha casa, e como um personagem de desenho insuportavelmente otimista, joguei meus braços para o alto e gritei: "Não está um dia lindo?!". Minhas rodas da frente bateram na beira da rampa e eu senti todo meu corpo voando no ar. O tempo desacelerou o suficiente para que eu formasse o pensamento "Ah, só pode ser brincadeira" bem no momento em que meus joelhos acertaram o concreto. Eu tinha caído, com força. O homem preocupado no estacionamento só tinha chegado com duas horas de antecedência.

Joe e eu rimos da ironia da coisa. Voltei para minha cadeira. Fomos ao cinema.

Essa não foi a primeira vez que eu caí. Nem de longe. Houve o dia na oitava série em que Bertie me empurrou a toda velocidade pela grama e nós batemos em um monte de terra. Eu fui catapultada para fora da cadeira e Bertie congelou enquanto professores correram para a cena. O dia em que eu segurei minha sobrinha bebê nos braços, sentindo-me forte, apoiada na parede, e então minhas pernas cederam e nós duas caímos no chão. Ela berrou quando eu a passei para minha irmã e corri para um quarto onde pudesse chorar sozinha. A primeira vez que caí na frente de Micah, saltando da minha cadeira e dramática e deselegantemente batendo minha bunda em uma pilha de livros ao lado da cama onde eu pretendia aterrissar. Quantas vezes eu tinha caído no banheiro, meus pés molhados escorregando um segundo antes de eu ouvir o estalo do meu cóccix contra os azulejos? Então, sim. Eu caio bastante.

Muitos anos atrás, minha amiga Amanda e eu estávamos atravessando a rua quando minhas rodas da frente bateram em uma rachadura no asfalto e eu voei para fora da cadeira no meio da faixa de pedestres. Meus joelhos bateram no chão e meu cérebro explodiu em centenas de pensamentos diferentes, um dos quais foi um impulso de imediatamente consolar Amanda. Eu estou tão acostumada às pessoas entrando em pânico quando meu corpo com deficiência se coloca em destaque (*Não caia! Não caia!*) que fiquei desesperada para convencê-la de que eu realmente estava bem.

Em vez disso, foi assim que aconteceu: corri de volta para a cadeira, mais rápido do que tinha caído dela, e Amanda parou um momento. Ela não ficou em cima de mim, não gritou, não pareceu ansiosa ou dramática. Ela só me observou voltar para minha cadeira e então disse: "Você é foda". Depois de uma vida usando cadeira de rodas para me mover por aí, estou acostumada a ouvir que sou indefesa, mesmo quando sei da minha força. Mas Amanda reconheceu garra em uma cena que a maioria das pessoas leria como fraqueza. Ela pegou minha dignidade escorregadia e a protegeu enquanto eu subia na minha cadeira, e então a devolveu intacta.

Quando eu imagino a forma da gentileza que realmente parece gentileza, ela necessariamente inclui as peças desse momento com Amanda: dignidade e uma compreensão inabalável de que cair não é a pior coisa que pode acontecer a uma pessoa.

O objetivo não é evitar cair ou precisar de ajuda. O objetivo é que nos vejam, nos perguntem, ouçam, acreditem em nós, valorizem-nos como somos, permitam que existamos exatamente nesses corpos, convidem-nos para a festa e nos encorajem a dançar como quisermos.

Eu ainda penso naquela festa. Como ganhamos em um jogo no qual nosso status de "perdedor" já está escrito nas regras? Como representamos a deficiência com nuance por cima do ruído viral de capitães do time de futebol americano levando a menina com deficiência da sala ao baile? São essas as histórias de deficiência que as pessoas querem ouvir, e elas são histórias nas quais a deficiência só existe como a sombra na borda do quadro, aqui para fazer com que o ajudante sem deficiência no centro da história pareça bem e se sinta esperançoso. Mas acho que é exatamente nesse lugar que as pessoas sem deficiência têm o poder de fazer o melhor para todos, pessoas com deficiência e as que ainda não chegaram lá. Se você quer ser genuinamente, ativamente, realmente "gentil" com pessoas com deficiência, convide vozes com deficiência para sua organização, seu negócio, seu programa. Permita que as pessoas com deficiência se apresentem em mais papéis do que só o de recipiente grato de filantropos generosos. Recrute engenheiros, dançarinos, administradores, comediantes, advogados, palestrantes e professores com deficiência a participar do seu mundo e faça seu melhor para tornar esse mundo acessível para eles. E, se insistimos em usar a palavra "gentileza" para descrever esse tipo de inclusão, precisamos reconhecer que a "gentileza" inclusiva não é só um favor feito às pessoas com deficiência; incluir pessoas com deficiência é uma gentileza para todos nós. Porque ouvir vozes que são normalmente silenciadas traz para a mesa nuance, resistência, criatividade, beleza, inovação e poder.

# 8.
# O que eu quero dizer quando falo de acessibilidade

No dia em que meu amigo Joe pediu minha melhor amiga Bertie em casamento, eu senti uma série de coisas. Fiquei feliz por eles estarem felizes. Fiquei orgulhosa de mim mesma por ter mantido o pedido em segredo (a mãe de Bertie não achou que eu conseguiria, e eu consegui!) e mal podia esperar para ajudar Bertie a planejar seu casamento (embora ela na verdade não precisasse de nenhuma ajuda minha, já que ela é o ser humano com mais bom gosto que eu conheço – sério, você devia ter visto os vestidos de casamento dela – assim, no *plural*). E, ainda assim, em meio aos gritinhos alegres e passeios entusiasmados demais pelo Pinterest, havia também uma pontada de tristeza. Eu sabia que isso significava sair da casa que Bertie e eu dividíamos.

Quatro anos antes, eu tinha saído do meu casamento para construir uma vida própria. Eu tinha vivido sozinha em um apartamento subsidiado, feito minhas próprias compras, organizado minha própria bagunça e, para o bem ou para o mal, passado muito tempo sozinha. Eu tinha terminado minha graduação e meu mestrado e começado um programa de doutorado naquele apartamento. Pela primeira vez na vida, eu me sentia capaz e responsável pela minha própria história. Então, quando Bertie disse que precisava de uma colega de apartamento, pareceu um sonho realizado. Aqui estava eu, construindo a vida que eu queria viver, e ela era forte o suficiente para expandir e explorar. Eu me preocupei se seria capaz de pagar o aluguel de um lugar que não fosse reservado para pessoas pobres, com deficiência e/ou idosas, e eu nem estava certa de que conseguiríamos encontrar um lugar que fosse acessível, mas dei o salto, porque parecia que o universo estava do meu lado.

Nós procuramos por alguns meses tensos. Eu sentia ondas pesadas de culpa por tornar a busca de Bertie tão mais difícil – com qualquer outra amiga ela teria muito mais opções. (Sério, procure por qualquer tipo de moradia em qualquer site. Então ajuste suas configurações para incluir moradias "acessíveis" – e *voilà!* – veja todas as suas opções magicamente desaparecerem.) Mas quando estávamos prestes a abandonar o plano e libertar Bertie para seguir em frente com um plano alternativo que não incluísse sua parceira com deficiência, encontramos uma pequena casa de dois quartos no Rainbow Boulevard. A casa tinha alguns degraus que levavam à porta dos fundos e um outro degrau grande do lado de dentro. Bertie estava certa de que seu pai engenheiro poderia construir uma rampa (o que mais tarde se mostrou um projeto mais complicado do que nós duas imaginávamos – de verdade, um quebra-cabeças da vida real – obrigada, Bob!). Nós dissemos ao proprietário que ficaríamos com ela. Parecia um golpe de sorte, mas eu também sentia que tínhamos investido tempo. Foi só mais tarde que entendi quanta sorte havíamos tido.

A casa ficava bem em frente a um restaurante chinês e um hospital veterinário com um alegre mural de animais pintado na lateral do prédio. Bertie encontrou um sofá vintage laranja no Craigslist e nós começamos a encher o lugar de livros e suculentas. Demos festas temáticas e reclamamos dos nossos dias com vinho e pipoca. Bebemos lattes e comemos macarrão na varanda (mas nunca nos sentamos no balanço da varanda, porque meu cunhado o instalou com o adendo de que ele não suportaria o peso de um humano de verdade e nós nunca deveríamos tentar balançar se tivéssemos amor à vida). Fiz comentários passivo-agressivos a respeito da louça na pia e Bertie começou a dormir com dois ventiladores para cortar o barulho que meus gatos faziam quando se inquietavam às três da manhã. Essa era a vida de mulher adulta solteira que eu queria, mas não tinha acreditado que podia viver. Eu me via como um piloto que guiou seu avião até uma aterrissagem perfeita.

E então Joe pediu Bertie em casamento e eles decidiram que não queriam um noivado longo, e antes que eu sequer me acostumasse a ver aquele anel imenso na mão dela, eles estavam procurando casa juntos.

"O que fazemos com o sofá laranja?", ela me perguntou. "Não acho que vamos levá-lo para a casa nova."

Eu me concentrei em pintar minhas unhas, tentando não chorar. "Bem, nós não podemos simplesmente doá-lo para alguma pessoa chata comprar!", eu disse, soando como uma versão minha de 16 anos, chocada com a minha mãe descolada da realidade e a incapacidade dela de entender o que estava em jogo. O sofá laranja era sagrado!

Enquanto Bertie mergulhava de cabeça em planejar o casamento e escolher tapetes para sua casa nova, molhei meu dedinho do pé na parte mais rasa da piscina que seria procurar uma casa para mim. Eu estava relutante, um pouco emburrada e às vezes simplesmente triste. Toda vez que eu abria meu notebook para testar a água, as poucas opções acabavam com a minha já fraca motivação. Várias vezes eu fechei o notebook com força, até que, de repente, notei que era março, e Bertie ia se mudar em maio. Minha manha começou a se misturar com ansiedade. Era hora de fazer isso a sério.

Defini meus parâmetros. Precisava conseguir pagar aluguel com um orçamento de pós-graduanda (a gente sequer pode chamar de "orçamento" quando os pagamentos são tão pequenos?) e precisava conseguir entrar e sair dela. Se eu conseguisse me mover pelo espaço sem enormes barreiras seria bom. Não são os parâmetros *mais* exigentes que os espectadores da HGTV já[1] viram, eu imagino.

Comecei a perguntar por aí, para minha mãe, minhas irmãs, minhas amigas mais próximas e os namorados delas, meu namorado e meu pai. Vocês sabem de algum lugar? Sabem de alguém se mudando? Viram alguma placa de "Aluga-se"? Eles me mandavam anúncios no Craigslist e no Apartments.com e perseguiam pistas de amigos de amigos. Joe e Bertie passaram uma tarde toda dirigindo pela cidade e visitando lugares comigo. Eu tinha toda uma rede de pessoas carinhosas e inteligentes em alerta. Algo tinha que se materializar logo.

Visitamos apartamentos baratos com banheiros e carpetes sujos, uma unidade acessível por prédio (que *talvez* ficasse disponível em um ou dois meses?) e nenhum estacionamento acessível. Houve o apartamento que foi anunciado como acessível, mas na verdade era preciso estacionar na rua em uma ladeira íngreme e as lixeiras eram do outro lado da rua depois de uma calçada sem rampas. Depois de alguns meses de procura, parecia haver três categorias básicas de moradia:

1   Lugares com bom preço, mas inacessíveis (com vagas, lavanderia ou banheiros que eu não conseguia acessar e uma boa pitada de escadas).

2   Lugares designados para pessoas com deficiência de baixa renda e com listas de espera de centenas de pessoas. (Eu coloquei meu nome em três listas de espera para empreendimentos subsidiados em Kansas City e meu nome não chegou ao topo de nenhuma delas em quatro anos. Um lugar até me manda uma carta todo ano, perguntando se quero manter

---

[1]   Canal de televisão norte-americano que tem em sua programação reality shows relacionados à melhoria de casas e imóveis. (N. E.)

meu nome na lista e eu continuo dizendo que sim, porque quando eu finalmente chegar no topo – em dez anos? quinze? –, quem sabe onde eu vou estar ou do que vou precisar.)

3    Lugares brilhantemente acessíveis (com chão plano, portas largas e elevadores) e espetacularmente caros.

Depois de muitos meses revirando a internet, meu então namorado Micah e eu (não nos conhecíamos havia nem um ano ainda) decidimos dirigir pelas ruas de Kansas City (e todas as muitas vielas) procurando qualquer espaço que pudesse funcionar. Talvez houvesse um unicórnio mágico em forma de prédio se escondendo atrás de uma grande árvore? Esperávamos que sim. Naquela noite nós dirigimos por lá, escutando o álbum novo do Vampire Weekend e falando da prova de francês que eu teria em breve. As horas passaram enquanto atravessávamos a cidade, mas ainda não tínhamos achado nenhum lugar para investigar. Então, do nada, Micah começou a chorar. "Como é possível que essa cidade não tenha nenhum lugar para você morar?"

"Ah, não se preocupe. Tudo bem! Vamos achar algum lugar!", eu disse, instintivamente. Eu esfreguei as costas dele, tentando tirar o peso da inacessibilidade de seus ombros. Mas era um fardo que eu não podia aliviar. O que Micah acreditava que fosse uma série de inconveniências irritantes se mostrou uma realidade muito mais dura, poderosa e dominadora. Não era um problema chato a ser resolvido. Era um problema que define e determina.

Quando Bertie começou a mover suas coisas da nossa casa para seu novo lar com Joe, eu precisei admitir que, apesar dos esforços colaborativos de todas as pessoas à minha volta, eu ainda não tinha encontrado um lugar para morar. Eu desejei secretamente que

Micah me pedisse para procurar uma casa com ele. Nossas rendas combinadas permitiriam mais opções. Mas, mesmo torcendo por isso, eu me sentia mal desejando que o progresso de nosso relacionamento fosse determinado pela minha situação habitacional. Então, naquela primavera, comprei um vestido de dama de honra para o casamento da minha melhor amiga e me mudei de volta para a casa dos meus pais aos 29 anos. Foi ao mesmo tempo um grande alívio e uma derrota profunda.

Por um lado, eu estava grata por ter para onde ir. Para muita gente, esse não é o caso – uma realidade que parecia próxima, mas ainda quase inimaginável para mim. Se eu não tivesse essa rede de apoio, o destino poderia ter sido diferente. Pessoas com deficiência com frequência são forçadas a morar na rua, ir para asilos ou residências subsidiadas longe de tudo que é conhecido para elas. Elas podem se sentir um fardo ficando com parentes ou amigos. Às vezes elas ficam em relacionamentos horríveis porque precisam de abrigo. Eu estava bem ciente disso.

Por outro lado, eu estava envergonhada e desanimada de voltar para casa aos 29 anos. Eu me enterrava na minha cama de criança toda noite e encarava sem parar o brilho das buscas noturnas no Craigslist. Não ajudava que o único banheiro que eu conseguia acessar na casa ficasse no quarto dos meus pais. Eu chegava tarde da noite e precisava entrar de fininho no quarto escuro deles, escutando os roncos do meu pai e tentando não bater com a minha cadeira na cômoda antiga deles. Micah ia até lá para assistir a Netflix (na minha cama de criança) e minha mãe nos trazia uma tigela de pipoca e um prato com fatias de maçã. (Você esqueceu que eu tinha quase 30 anos? É, eu também não.) Quanto mais tempo eu morava lá, mais envergonhada eu ficava. Eu voltava para casa depois de um dia dando aulas, estacionava na garagem dos meus pais e me sentia tão capaz de controlar minha vida quanto uma pré-adolescente.

Passo muito tempo no brechó no fim da rua, me confortando com as canecas mais esquisitas que consigo encontrar e tops baratos de paetê dourado que provavelmente só vou usar uma vez na vida. Um dia, estou na fila do único provador acessível junto com uma mulher mais velha que anda de maneira instável. Ela se senta no grande sofá florido ao meu lado, encarando sem expressão a arara cheia de bolsas enroscadas – pronta para esperar. Esta não é a primeira vez que nos sentamos juntas aqui. Na verdade, eu sempre espero que o provador acessível já esteja ocupado por duas amigas que não aguentam ficar separadas ou por alguém com um carrinho de compras cheio de roupas. Cinco cabines inacessíveis estão vazias ao nosso lado, de portas escancaradas, caso a gente não tenha notado esses espaços não usados e não usáveis.

Nem sempre é óbvio quem precisa de mais espaço ou um lugar para se sentar. O símbolo de "acessível" tem uma cadeira de rodas, mas esse não é o único tipo de corpo com uma camada extra de necessidade. Nessa ocasião, porém, quando a mulher mais velha e eu estamos sentadas esperando, nós sentimos: essas duas pessoas no provador só querem mais espaço, e elas o querem pela tarde toda. Nós as escutamos batendo cabides e conversando casualmente enquanto montam um desfile de moda completo uma para a outra. Elas soam meio sonolentas, como se tivessem saído de um grande almoço e estivessem prontas para um cochilo. "O que você acha dessa saia?", uma delas pergunta. Vejo os pés dela se movendo sob a porta. Ela dá alguns passos lentos em círculo. Consigo imaginá-la espichando o pescoço para ver a parte de trás. O símbolo azul de acessível grita ao lado da porta de frente para mim.

"Eu gosto", o cara diz, parecendo entediado.

"Tem certeza?" Mais um giro.

"Aqui, prove com essa camisa."

Ela solta uma camisa na pilha de roupas que nós vemos se acumular no chão. Tem um monte de jeans.

Vinte minutos depois, em um impulso raivoso, eu bato na porta. Nenhuma resposta. Ouço uma voz sussurrar: "Estão batendo na nossa porta?".

Eu me intrometo: "Ei! É! Só queria saber se vocês têm hora pra acabar. Tem duas pessoas esperando pelo provador acessível aqui." Eu mantenho minha voz leve e animada. Tomo muito cuidado para não deixá-los na defensiva.

Depois de uma pausa confusa, a mesma voz diz: "Só falta provar uma última roupa".

A mulher no sofá olha para mim – pela primeira vez desde que nos sentamos lado a lado – e sussurra: "Boa!". Ela me faz um sinal de joia e dá uma piscadela.

Eu me sinto orgulhosa da minha pequena intervenção. Até eu notar que não faz diferença. O par continua no mesmo ritmo, aparentemente ignorando meu lembrete amigável. Quando eles saem, cinco minutos depois, o cara olha para além de nós. Nenhuma palavra. Nenhum contato visual. Ele está com algumas roupas penduradas no braço e dá passos longos e lentos. A mulher olha para nós e pede desculpas baixinho e rapidamente. Ela mantém os olhos no chão enquanto vai embora. Eles ficaram com vergonha? Irritados? Indiferentes? Eles falaram disso momentos depois? Eles sequer vão se lembrar que aconteceu quando chegarem ao carro?

Agora que tenho o espaço, eu corro para provar o punhado de vestidos que peguei. Consigo imaginar a mulher ainda sentada no sofá florido. Há quanto tempo ela está esperando por esse espaço acessível? Trinta minutos? Trinta e cinco? Minha ansiedade começa a borbulhar. Acho que devia tê-la deixado passar na frente. Enfio vestidos pela cabeça sem gastar o tempo de puxar a saia por cima da minha bunda antes de passar para a próxima coisa. O espaço é grande o suficiente para minha cadeira inteira, mesmo com um banco no qual alguém como a mulher esperando do lado de fora poderia se sentar. Este é melhor do que muitos provadores "acessíveis" que já vi, que com frequência são usados como depósito ou são grandes o suficiente para minha cadeira caber, mas não grandes o suficiente para que eu coloque meus pés no chão para vestir uma saia. No entanto, não há nenhuma barra de apoio neste provador, então eu coloco meu peso no gancho usado para os cabides, tentando não me apoiar nele com muita força. Eu já quebrei esse tipo de gancho antes, usando-os como substitutos das barras de apoio quando eles são projetados para aguentar o peso de apenas alguns casacos ou vestidos. É difícil tomar cuidado quando estou com pressa, e eu o sinto ceder sob a minha mão. Eu me assusto e solto, caindo de volta na minha cadeira. Hora de acabar com isso.

Eu voo para fora do provador gritando "Sua vez!" antes mesmo de sair pela porta. A mulher mais velha vai para dentro com seu pequeno monte de roupas para provar. Nada nessa meia hora que passamos juntas parece agitá-la muito. Como se isso fosse exatamente o que ela espera do mundo. Meu coração se aperta. *Você merece mais!*, eu penso. *Você merece consideração, respeito, espaço para provar suas roupas sem ter que esperar meia hora até que os descoladinhos se cansem! Seu corpo que envelhece é uma maravilha. Um milagre do desafio e da sobrevivência. Deveria haver um tapete vermelho se desenrolando diante de cada passo seu!* Meu pescoço e meu rosto estão quentes. Meu ressentimento dobra, o suficiente para mim e para ela. (Por que é tão mais fácil ficar indignada por outra pessoa?)

Mas se essa experiência parece rotineira para ela, eu preciso admitir que é para mim também. Estou acostumada a esperar três vezes mais ou a não ter nenhum lugar. Sou treinada para exigir o mínimo de espaço possível, com cuidado e pedindo desculpas, para evitar irritar as pessoas, não apenas porque odeio quando alguém fica bravo comigo, mas porque pessoas bravas tendem a te acomodar menos. É uma cena ensaiada demais, com falas que consigo repetir dormindo.

Então, nossas experiências se assemelham, mas parecemos recebê-las de maneira diferente, e acho que consigo deduzir parte do motivo. Como alguém que cresceu depois da criação da Lei dos Americanos com Deficiência, em 1990, tenho uma perspectiva fundamentalmente diferente da maioria das pessoas com deficiência nascidas muito antes de mim. Pessoas como minha amiga Ruby e seu marido Bruce, ambos usuários de cadeiras de rodas e rebeldes ativistas e defensores das pessoas com deficiência, que vêm exigindo o acesso para participar de suas comunidades desde os anos 1960 e 1970. Esforços incansáveis como os deles viabilizaram a criação dessa lei. Eu entendo que é por causa daqueles que vieram antes de mim que eu posso ocupar tanto espaço quanto ocupo. Quero agradecer a eles por cada rampa, cada elevador, cada provador acessível.

George H. W. Bush sancionou a lei em 1990, apenas alguns meses depois de cerca de mil ativistas da deficiência terem aparecido nos 83 degraus em frente ao Capitólio, um prédio no qual muitos deles não poderiam entrar sem assistência elaborada. Depois de horas de discursos e protestos, sessenta ativistas foram para as escadas, muitos deles arrastando seus corpos por cada degrau, demonstrando literalmente o espetáculo – o desconforto físico e social – exigido para entrar no centro político dos Estados Unidos. Você aprendeu sobre essa parte da nossa história na escola? Nem eu. O país mal notou os protestos ou a sanção da lei. Não era uma notícia atraente. Exceto pelos ativistas nos degraus do Capitólio, em uma tentativa de serem vistos, reconhecidos, talvez até valorizados, e pelos construtores que agora operavam sob parâmetros novos e amplamente mal-compreendidos, ninguém prestou muita atenção.

De onde estou, neste mundo em que existe a Lei dos Americanos com Deficiência, é fácil detectar a enorme ignorância, a falta de compreensão e às vezes o desdém e a alienação completa que cercam a visão original por trás dessa parte da legislação. Meus alunos raramente sabem do que estou falando quando menciono a lei e já vi profissionais médicos inclinarem a cabeça confusos – *o que é essa coisa da qual você está falando?* É uma lei oficial, mas não foi uma lei votada pelo povo. Ela foi entregue a eles de cima e sem um bom marketing. Na melhor das hipóteses, a lei passou a insistir silenciosamente que pessoas com deficiência também são seres humanos. Na pior, ela tornou o público amargo em relação a esses aleijados gananciosos e exigentes. Aos poucos, a arquitetura começou a mudar, não necessariamente porque a cultura geral queria incluir um grupo de pessoas que enxergava como possuidoras de algo único e valioso, mas porque a lei exigia. Proprietários de prédios públicos precisaram fazer acomodações que muitos viam como frívolas, inconvenientes e caras demais para o retorno que davam.

Na verdade, os americanos compreendiam e valorizavam tão pouco a lei que, cerca de 25 anos depois de sua sanção, deputados do Texas e da Califórnia idealizaram o HR620, a "Lei de 2017 para Educação e Reforma da Lei dos Americanos com Deficiência", que buscava acabar com o pouco de alívio que a lei oferecia ao colocar um fardo ainda maior sobre as pessoas com deficiência para que elas defendessem a si mesmas e exigissem seus direitos de acesso. Em fevereiro de 2018, essa proposta foi aprovada pela Câmara com 225 votos a favor e 192 contra. Ela não foi levada para votação no Senado em boa parte pelos esforços de Tammy Duckworth, uma senadora com deficiência de Illinois que liderou uma iniciativa dos Democratas para bloquear a nova lei. A proposta morreu antes de ser votada graças a uma mulher com deficiência que falou em nome de uma comunidade que ainda é silenciada com tanta frequência. Eu me pergunto quando ou se o acesso vai se tornar uma preocupação prioritária para todos, não apenas para aqueles que não o tem.

As revisões sendo feitas (ou exigidas) para os corpos com deficiência são frequentemente vistas como excesso. Mas essa perspectiva só se sustenta porque o capacitismo é construído sobre uma autoilusão; nós contamos a nós mesmos a história de que a acessibilidade é uma preocupação apenas para o corpo com deficiência, ignorando convenientemente todas as formas de acesso que foram cuidadosa e detalhadamente criadas para tornar a vida mais fácil para corpos sem deficiência.

Vamos dar um enorme passo para trás e olhar para isso juntos, como alienígenas observando de outro planeta. Alguém, em algum lugar, em algum ponto da história inventou as escadas, certo? E desde então, continuamos a construir escadas, porque elas são mais fáceis para bípedes do que escalar paredes ou subir por escadas de corda. Temos carros e bicicletas porque queremos viajar mais rápido e mais longe do que nossos corpos limitados conseguem sozinhos. Estacionamentos e estradas foram construídos porque as pessoas queriam caminhos mais fáceis para dirigir seus veículos. Sem intervenção em favor do corpo humano, todos nós estaríamos dormindo na grama, bebendo água do lago com nossas mãos em formato de cuia e vivendo cada dia escaldante do verão e as neves congelantes do inverno em uma nudez radiante. Colchões, copos e roupas existem porque o corpo humano tem limites, e ferramentas tornam a sobrevivência neste planeta um pouco mais fácil. Literalmente tudo que já foi construído – cada placa e caminho na natureza, cada prédio e ônibus nas nossas cidades, cada maçaneta e cadeira na sua casa – foi feito para acomodar alguém. Nós paramos de refinar ou expandir nossas acomodações apenas quando estamos satisfeitos, pois aqueles que queremos na festa conseguem chegar até ela.

Mas nossas acomodações só vão até certo ponto, porque por um bom tempo, nós só nos importamos em incluir um tipo específico de corpo/mente nas nossas comunidades. Conversas a respeito de acesso para pessoas com deficiência não começaram a acontecer nos Estados Unidos até que veteranos da Segunda Guerra Mundial com deficiência exigiram treinamento profissional e reabilitação quando retornaram. Foi só em 1973 que aprovamos a primeira lei que dizia *Sim, você também. Achamos que pessoas com deficiência merecem existir aqui também.* Acomodações para pessoas com deficiência não são "especiais". Pelo menos, não mais especiais do que o mundo de acomodações que já nos cerca. É só que, normalmente, aqueles que já têm acesso não precisam pensar em quem ainda está esperando para ser incluído.

E, ainda assim, quando consideramos corpos com deficiência como parte vital de um grupo maior, todos nos beneficiamos. Quando calçadas rebaixadas foram desenhadas pela primeira vez, a ideia era criar facilidades para usuários de cadeiras de rodas. Criadas pela menor das inovações criativas, calçadas rebaixadas foram imaginadas como opções alternativas de interação com nossos espaços físicos e, de repente, usuários de cadeiras de rodas ganharam acesso a mais de suas próprias vizinhanças e espaços públicos. Mas outra coisa também aconteceu. Pais empurrando carrinhos de bebê descobriram que dar a volta no quarteirão ficou mais fácil. Assim como pessoas com bicicletas e patinetes, pessoas puxando malas, vendedores com carrinhos de comida, pessoas com dor que precisam dar passos menores e mais graduais. O sistema de *closed-captioning* deu àqueles com deficiência auditiva uma forma de acessar as histórias e notícias em suas telas, mas também permite a todos a chance de se conectar com vídeos, mesmo quando precisam desligar o som de seu aparelho ou não conseguem entender alguém de fala enrolada. O modelo médico da deficiência – o modelo padrão que vê corpos quebrados individuais que precisam de soluções individuais – perde muitas oportunidades de imaginar um mundo mais flexível, acessível, inclusivo e convidativo para todos nós. Que inovações poderiam ser feitas pela medicina se corpos com deficiência fossem vistos como catalisadores de inovação? Que possibilidades de brincadeira estamos perdendo nos parquinhos? Que práticas podemos adotar em nossos sistemas educacionais para facilitar uma aprendizagem mais flexível e significativa para mais alunos? Que formas de estar no mundo poderiam emergir se fôssemos capazes de erguer o estigma que se gruda com tanta força ao corpo com deficiência? O que aconteceria se decidíssemos que corpos com deficiência são dignos de serem incluídos?

Quando digo "incluídos", não falo só do provador designado como um espaço "acessível" ou do punhado de apartamentos térreos em uma cidade inteira que foram designados como "acessíveis". Acesso é mais do que o momento em que um corpo com deficiência encontra um objeto de acomodação. Acesso é uma forma de vida, um relacionamento entre você e o mundo à sua volta; é uma postura, uma crença a respeito do seu papel na sua comunidade, a respeito do valor da sua presença. Existe uma diferença fundamental entre a experiência da pessoa que acorda sabendo que vai, é claro, ter acesso e aquela que acorda e se pergunta se terá acesso, como vai encontrar ou lutar por seu acesso, o que vai fazer quando não tiver acesso.

Como eu torno isso real? Mesmo que eu saiba na minha cabeça que tenho todo o direito de estar aqui, eu também fui moldada – desde o início – por uma vida de inacessibilidade, e por causa disso ainda existe muita coisa que eu não sei a meu respeito.

Por exemplo, eu não sei se sou uma pessoa que gosta de bares. É difícil dizer. Quando eu entro num bar, o barman não me vê – ou talvez só veja o topo da minha cabeça, se estiver procurando. Se eu consigo gritar alto o suficiente e agitar meus braços o bastante para ser vista e ouvida para pedir uma bebida, eu me viro para um salão cheio de gente em pé, conversando a uns sessenta a noventa centímetros acima da minha cabeça. Quando eu falo, elas não me ouvem. Então eu grito por cima da conversa e da música e elas se inclinam para baixo, colocando a orelha na direção da minha boca. Elas fazem que sim e fingem que entenderam tudo.

Eu não sei se gosto de experimentar coisas novas. Quer dizer, cada parte de mim quer dizer: *Eu gosto! Eu amo coisas novas! Vamos experimentar mais!* Mas então uma amiga me convida para sua festa de aniversário em uma nova pizzaria e eu passo duas horas no Google Earth examinando o lugar, apertando meus olhos para imagens granuladas, vasculhando o site ruim do restaurante em busca de informação sobre o estacionamento para saber se vou ou não conseguir entrar no restaurante, e quando eu não consigo decidir isso e minha respiração acelera, mando uma rápida mensagem dizendo "Não estou me sentindo bem – desculpe por não conseguir ir!". Então eu passo o resto da noite apertando "próximo episódio" em *Criminal Minds* e escutando meu cérebro repetir "qual é o seu *problema*?".

Eu não sei se me importo o suficiente com meus alunos. Na primavera passada, recebi diversos convites para ir às festas de formatura dos meus alunos do último ano. Meu coração cantou: *Sim! Vamos comemorar!* Então eu marquei com uma estrela todos os convites na minha caixa de entrada e esperei semanas para responder. Nesse meio-tempo, meu cérebro revirou visões imaginárias de cada local e cada casa, todos os e-mails e conversas que eu precisaria ter para planejar como eu passaria por portas e chegaria aos pátios. Eu pensei em pais me levantando com minha cadeira por lances de escada ou tias tirando mesas de canto, pilhas de livros ou plantas do meu caminho – todo o rápido controle de danos que meu corpo inspiraria. Minha ansiedade aumentou. Eu mandei e-mails com pedidos de desculpas para cada um, dizendo que eu sentia muito, mas não conseguiria ir, sem nunca dizer a verdadeira razão. Não tenho certeza de quanto minha ausência foi sentida, mas eu me senti fraca e pequena, frustrada e decepcionada.

Eu não sei se me encaixo. Eu me sinto uma intrusa com a maior parte das pessoas. Quanto disso é baseado no fato de que, ao passearmos juntas por um ambiente – um restaurante, um parque ou a calçada irregular –, um bom quarto do meu esforço mental vai para carregar aquela xícara de café sem derrubar ou em manter meus olhos na rota acessível? Quanto disso vem de eu sempre ter que pegar um caminho diferente para reuniões e encontros? Eu vou de elevador enquanto todo mundo está subindo de escada; voo pela rampa enquanto outros pegam o caminho direto; dirijo até a conferência no meu carro acessível enquanto eles pegam o trem juntos. Parte disso poderia ser remediado se eu só dissesse "Ei, alguém pode vir junto no meu carro!". E às vezes as pessoas pegam o elevador comigo. Mas eu já estou me sentindo a esquisita. Como uma criança que prefere passar despercebida – eu vou só ficar invisível aqui, obrigada! Eu nem sempre tenho forças para pedir às pessoas que se juntem a mim em meu caminho complicado.

Esses momentos se somam – tão rápido e tão consistentemente que eu mal noto o peso extra. Quando eu paro um momento e olho em volta, não sei onde minhas inseguranças pessoais terminam e o capacitismo começa. Quem eu seria se meu corpo pudesse acessar facilmente minha cidade, minha comunidade, as casas dos meus amigos? Quer dizer – de verdade –, o que aconteceria se eu caísse em um universo alternativo que fosse perfeitamente acessível para mim? É difícil imaginar uma onda tão estranha de confiança, segurança e facilidade.

O verão em que eu me mudei de volta para a casa dos meus pais se transformou em outono e, finalmente, uma das minhas buscas noturnas desesperadas por um lugar para morar fez surgir uma casinha com aluguel possível e só com alguns degraus na frente. Eu pensei: *Se eu conseguir dar um jeito de subir nessa calçada e construirmos uma rampa, talvez isso possa funcionar?* Combinei a visita com o proprietário. Micah me empurrou pelos degraus da frente e por uma das duas portas de entrada. Olhei em volta uma vez e meu coração se derreteu. *Lar!*

O proprietário me disse que a casa tinha sido construída em 1895. Todas as maçanetas estavam frouxas e rachaduras subiam pelas paredes e pelo teto. Tinha uma pia de fazenda, uma banheira solta com pés em garra e várias esquisitices inesperadas (tipo a porta de entrada extra e maçanetas antiquíssimas nas janelas e fechaduras). Espiei o banheiro e, embora eu não conseguisse passar com a minha cadeira pela porta, o proprietário disse que instalaria algumas barras de apoio. Eu podia me ver sentada na beira da banheira enquanto escovava meus dentes na pia. O verdadeiro milagre foi a lava e seca no andar principal. Na minha casa anterior – como em quase todas as casas antigas –, a lavanderia ficava no porão, então eu levei pilhas enormes de roupa suja para a casa dos meus pais semana sim, semana não por anos. Uma lavanderia que eu podia acessar na minha própria casa! Era um palácio. Algumas semanas depois, eu me mudei e comecei a torná-la minha.

Com base no design e (na suprema falta de) charme colocados na maioria das ferramentas e dos espaços chamados de "acessíveis", imagino que se presuma que pessoas com deficiência têm mau gosto. Se você precisa de acesso, com certeza o desejo de ter estilo foi cancelado. A acessibilidade deve necessariamente ser a única e completa prioridade, apagando qualquer outra preferência ou desejo possíveis. "De cavalo dado não se olham os dentes!" e aquela coisa toda. Você tem de aceitar as barras de metal horríveis, as paredes de cimento, o velcro marrom e vai ficar grato! Claro que funcionalidade é importante. Pode-se até dizer vital – não posso viver em um lugar no qual não consigo entrar. Mas eu também sou uma pessoa com preferências muito específicas de piso e iluminação, cor da parede e batentes de porta na minha casa. Não quero só um abrigo no qual eu possa entrar e sobreviver. Quero um espaço que me dê a sensação de lar. Você não?

Micah e eu compramos três estantes pequenas e laminadas no brechó e pintamos cada uma delas na varanda no meio da noite. Juntamos um monte de revistas velhas, cortamos pilhas de imagens e as colamos em vasos e fizemos colagens nas paredes. Coloquei meu abajur de cacto ao lado da enorme pintura de mitologia grega com a moldura dourada porque gostei de como as cores se misturavam. Como eu não consigo ficar em pé no chuveiro muito bem, reconfigurei o espaço, pendurando plantas com folhas verdes em formato de coração e trepadeiras no aro de cortina em volta da banheira. Mesmo hoje, olho para as trepadeiras se enrolando acima de mim durante um banho e me sinto numa selva. *Lar!* O lugar onde me sinto inspirada, livre para criar, dançar, fazer bagunça e simplesmente *ser* – o lugar que me cobre de histórias e vida vibrante.

Antes que eu me deixe levar e você comece a acreditar em finais felizes, é importante olharmos para essa casa por inteiro. Eu amo minha casa com rachaduras e maçanetas frouxas, mas ela não é a imagem perfeita do acesso. Eu estaciono meu carro na rua, então preciso montar minha cadeira de rodas na calçada, e nem sempre consigo. Então eu giro minhas rodas por uma rampa íngreme para entrar pela porta, o que pode ser lento e difícil. As coisas caem do meu colo, e é uma droga quando chove. Não consigo entrar com minha cadeira de rodas no banheiro, e minha linda banheira não é ideal para uma transferência fácil. Cair é bem comum.

Às vezes, depois de derrubar as verduras enquanto tento subir a rampa ou de escorregar no banheiro, eu começo outra busca no Craigslist. *Cheguei ao limite!*, penso. Mas rapidamente a busca desanimadora por uma nova casa acessível que eu ame e possa pagar me faz olhar com carinho para onde estou.

Por enquanto, estou disposta a pagar o preço da calçada para me sentir aconchegada e inspirada na minha casa. É um acesso bagunçado, "funciona por enquanto", "encontrei meu próprio jeito estranho", sem jogar toda a estética pela janela. É o equilíbrio que estou buscando. Por enquanto. E com todas as reentrâncias, bloqueios e trocas que vêm com a minha história, vejo uma biblioteca cheia de outras histórias – outras maneiras que pessoas com deficiência encontraram de navegar pelos espaços que ocupam. Eu não sei quantos acabaram em asilos. Quem morreu antes que o nome chegasse ao topo de uma das listas de espera? Quem está se endividando, se sentindo excluído, acumulando culpa por depender dos outros? Não sei que acomodações incríveis as pessoas construíram para elas mesmas, que espaços lindos foram transformados em realidade para corpos e mentes com deficiência. Não conheço todas essas histórias, mas sei que cada uma delas é plena, complicada e profundamente pessoal.

Entendo que minha cidade não está tentando ativamente me mandar a mensagem de que sou indesejada. Os comércios nessa área não estão me proibindo de gastar meu dinheiro lá. Minha comunidade não está tentando ativamente me fazer voltar para a casa dos meus pais. Isso não pode ser dito para muitos grupos de pessoas ao longo da história e mesmo hoje. Em vez disso, a mensagem que mais escuto é algo como "Nós só não estamos pensando em você" – um sentimento que não quer ferir ninguém, mesmo que ignore uma população inteira.

Depois de esperar tanto tempo pelo provador acessível, eu me sinto empoderada a usar minha voz. Quando coloco meus itens no balcão do caixa, sorrio para a vendedora e peço para falar com a gerente. *Eu não sou uma ameaça! Só quero ter uma conversa amigável*, minha voz alegre comunica a ela em uma tentativa desesperada de evitar cair no velho papel de Aleijada Raivosa Versus Gerente na Defensiva.

Eu não sei o que estou esperando – que eles coloquem uma tranca na porta de forma que você precise pedir a um vendedor para abrir pra você? Que eles coloquem um sinal super ameaçador embaixo da placa de "acessível" que já existe?

"Eu só queria te falar uma coisa, para que você e sua equipe fiquem sabendo", eu digo, meu sorriso fixo no rosto, avançando com todo o cuidado. Eu explico que o provador acessível com frequência é usado para desfiles de moda extralongos entre amigos. Ela pede desculpas. Até fica indignada. "Isso não deveria acontecer", ela diz com firmeza. Ela parece realmente acreditar nisso. Fico aliviada. *Ela me ouviu*, eu penso.

"Da próxima vez que você estiver na loja", ela diz, "nos avise, e vamos garantir que o provador esteja disponível para você."

*Espere, o quê?* Minhas mãos formigam. A comunicação clara e firme que eu achei que estivéssemos tendo se dissolve completamente. Essa é a solução? Eu imagino tentar chamar um vendedor toda vez que for à loja. O desconforto de chamar a atenção deles enquanto uma fila de clientes espera. Tentar explicar a situação do zero para uma pessoa nova a cada vez. Fazer compras com a pressão de saber que eles estão mantendo um provador vazio só para mim.

Isso me lembra da padaria em Westport com um elevador do lado de fora do prédio que só pode ser operado com uma chave que eles mantêm do lado de dentro. "Só nos chame quando você estiver esperando do lado de fora. Nós vamos mandar alguém te buscar!" Ou do restaurante de crepes em Westside. Depois de subir uma rampa anexa à lateral do prédio, você encontra uma porta trancada com um teclado. "Mande um amigo para abri-la pelo lado de dentro", eles dizem. E se eu estiver sozinha?

Esse momento no brechó, esperando pelo provador acessível, está conectado a milhares de outros momentos que – todos juntos – pesam cerca de uma tonelada. Mas para a gerente? Essa é uma ocasião rara. Um tropeço inesperado na semana dela. Uma mulher com deficiência está pedindo um favor especial cada vez que vier à loja. Exige apenas um pequeno ajuste, uma acomodação simples. Problema resolvido!

Mas para mim e, imagino, para a mulher mais velha que esperou pelo provador acessível comigo, isso é uma experiência de todo dia e todo lugar – a batalha que segue a batalha anterior e precede a próxima em nossa tentativa contínua de ocupar espaço no mundo.

"Isso não é só por minha causa", digo à gerente da loja. "Isso acontece com todo mundo que vem à sua loja e precisa daquele provador." Ela continua fazendo que sim enfaticamente, com doçura até. A conversa morre porque nós duas nos repetimos. Ela acha que me ouviu. Saio da loja e entro no meu carro, desanimada. Ela não me ouviu nem um pouco.

Naquele momento, conversando com a gerente do brechó, senti com mais clareza do que nunca – por que lojas são construídas como são, por que pessoas sem deficiência ocupam sem parar os poucos espaços designados para corpos com deficiência, por que uma cidade inteira não pensou em construir espaços para que as pessoas com deficiência morem, por que é tão difícil alcançar uma mudança genuína: a grande maioria das pessoas sem deficiência não vê – e certamente não sente – a experiência das pessoas com deficiência. Há outros que reconhecem as texturas da inacessibilidade – pessoas gordas ou queer, muitos corpos que estão envelhecendo, pessoas não brancas e aquelas que encontram barreiras linguísticas, qualquer um que conheça a pobreza: todas essas pessoas possuem uma camada extra de medos, custos e preocupações.

Mas muitas outras podem entrar em um restaurante ou bar novo sem se preocupar se vai haver lugar para eles fazerem xixi, e, quando eles entram naquele banheiro público, encontram cinco cabines pensadas para os corpos deles. Eles podem clicar em "aceitar" no convite on-line sem pesquisar sobre o lugar e mandar mensagem para o anfitrião para ele criar um plano elaborado para passar pela porta. Eles podem entrar e sair do transporte público, visitar uma cidade nova, viajar daqui para lá sem pesquisar sobre a acessibilidade com antecedência. (Você sabe quantos destinos dão alguma informação sobre acessibilidade? Divirta-se no Google com essa!) Eles podem até reservar um quarto de hotel sem se preocupar se realmente vão conseguir usar o chuveiro ou a pia quando chegarem lá. Eles têm acesso a todo tipo de assento no teatro, no estádio, num café, num bar. Podem provar roupas em basicamente todo tipo de provador já criado. Quando é hora de se mudar, têm mais do que literalmente uma opção. Como alguém pode sentir a rejeição, o alcance e a urgência da inacessibilidade se todo o mundo foi construído com essa pessoa em mente?

Porque inacessibilidade ao longo do tempo é igual a... o quê, exatamente? É mais do que uma série de inconveniências. É mais poderosa do que uma rampa faltando aqui ou um elevador ali. (Embora, meu Deus, eu fique grata por cada rampa e elevador que vejo. *Sempre.*) Minha experiência da inacessibilidade é cumulativa. É mais do que uma linha de alvos a serem atingidos. É uma forma de estar no mundo ou só estar fora do mundo. É uma mensagem gritante em um alto-falante que você precisa ignorar. Uma ideologia à qual sobreviver.

Alguns dias, eu me sinto vulnerável demais para sair da minha casa, de saco cheio demais para me submeter a todos os estranhos interagindo comigo, cansada demais para lutar pela ocupação de um canto do espaço. A inacessibilidade ao longo do tempo me diz que eu não importo, não sou desejada, não pertenço. Essa terra não foi feita para mim. Então eu fico em casa, sozinha, evito, cancelo planos, carrego ansiedade em cada dobra e curva do meu corpo, me sinto muito sozinha, presa e indefesa. Eu também lido com isso. Escrevo, rio, cultivo amizades profundas com algumas pessoas que me dão segurança, encontro os cinemas e cafés que consigo acessar e vou a eles cem vezes seguidas, e às vezes me permito ser erguida para descer ou subir um lance de escadas. Há dias em que eu falo por cima do alto-falante que anuncia que não sou bem-vinda, dias em que me recuso a ficar invisível e em silêncio. Às vezes, até esqueço quão difícil tudo isso é. Tudo isso é verdade ao mesmo tempo.

Sempre que compartilho uma história a respeito de uma loja que tem uma caçamba na vaga acessível ou um restaurante que mantém sua entrada acessível trancada, as pessoas ficam logo indignadas, canalizando toda a sua raiva para esse único lugar, listando todo tipo de coisa que eu deveria fazer ou que elas fariam para exigir acessibilidade. *Você deveria ligar para esse número! Eu daria uma bronca nessa pessoa!* Durante alguns dias, eu tenho um pouco dessa luta em mim. Especialmente quando consigo ver o quadro maior – ver que isso não é só por minha causa. Esses são os dias em que consigo conversar com a gerente sobre os problemas que vejo com o provador acessível do brechó. Mas e no resto do tempo? É como pegar uma escova de dentes para limpar uma casa imunda quando eu ainda estou tentando achar um jeito de respirar nesses cômodos cheios de fumaça tóxica.

Mesmo assim, eu escolho ter fé de que estamos chegando lá, criando nosso próprio caminho esquisito para um futuro acessível – um espaço que apoie todos nós. Um futuro acessível é moldado pela compreensão fundamental de que todos temos corpos, de que esses corpos são diferentes uns dos outros e de que cada um é digno de admiração, cuidado e respeito profundos. O corpo que envelhece, o corpo feminino, o corpo com dor, o corpo ferido ou doente, o corpo gordo, baixo ou assimétrico, o corpo estigmatizado racialmente, o corpo que precisa usar o banheiro, o corpo cego, surdo, paralisado, cansado, não binário, que tem fome, que sangra, que está transicionando ou conquistando. Todos os corpos. Nesse futuro, as pessoas não serão punidas, envergonhadas, isoladas, excluídas, jogadas às margens nem instruídas a entrar pelos fundos ou a encontrar outro banheiro por causa desse corpo.

Corpos – em todas as suas variantes – serão considerados, permitidos e bem-vindos. Nossas vastas diferenças serão pensadas quando desenharmos nossas estruturas: nossos prédios, nossos sistemas de saúde, nosso transporte, nossos auxiliares de mobilidade, nossas estradas, nossos governos, nossas roupas, nossas salas de aula, nossos espaços de trabalho e lazer, nossas noções de amor e romance, parentalidade e amizade. Nesse futuro, não seremos encorajados a silenciar nossos corpos. Em vez de rejeitar e abusar de nossos corpos para que caibam em caixinhas, nossas caixas serão maiores e mais maleáveis. Esse futuro não apenas reconhece, mas honra o fato de que nossos corpos crescem, se cansam, se rebelam, tremem, lutam, mudam, cicatrizam e desafiam qualquer categorização. Esse futuro não vai surgir do nada; nós precisamos criá-lo – pouco a pouco – ao praticarmos ouvir, cuidar de todos os corpos, respeitá-los. Por favor. Vamos criar esse mundo uns para os outros.

# Epílogo

Enquanto eu trabalhava em cada capítulo deste livro, eu desejava que estivéssemos juntos em uma sala para que eu pudesse ouvir suas histórias e perguntas também – para que pudéssemos pensar em tudo isso juntos. E agora que chegamos ao fim, eu gostaria especialmente que estivéssemos cara a cara, porque tenho essa coisa importante para te dizer: *obrigada*. Por se sentar com todas essas palavras, por receber todas essas histórias, por abrir espaço para pensar nessas ideias. Mesmo se – especialmente se – partes desse livro tiverem te confundido ou se você tiver se percebido às vezes retrucando. Você é um tipo de milagre para mim.

Então, para onde vamos daqui? Como entramos nesse futuro acessível e inexplorado juntos? Como entendemos o poder da representação e sentimos o peso da sua ausência? Acredito que precisemos começar ouvindo. Permitimos que as experiências de outra pessoa – mesmo que elas sejam diferentes das nossas, *especialmente* se elas forem diferentes das nossas – importem. Pensamos criticamente a respeito de narrativas velhas e estabelecidas. Derrubamos algumas das barreiras artificiais que inventamos para nós mesmos e vemos para onde a água vai. Experimentamos novos caminhos e, quando eles não funcionam, encontramos outros.

Se você estiver interessado nesse tipo de reimaginação, eu incluí a seguir uma pilha desorganizada de recursos que me fizeram mudar de uma forma ou outra. Descobri alguns desses na pós-graduação, alguns eu li/assisti com alunos, alguns eu descobri pelos poderes cósmicos das redes da internet. Essa lista não é completa ou focada, mas completamente pessoal – incluí apenas criadores/criações com as quais passei tempo e nas quais continuo a pensar hoje. Minha esperança é que, ao procurarmos essas vozes e as trazermos para nossas mentes e comunidades, suas percepções nos tomem; mudem a forma como olhamos, avaliamos e categorizamos uns aos outros; e nos incentivem a questionar nossos métodos de determinação do valor humano. Acredito que exista uma versão mais gentil, mais apoiadora e mais criativa de nós por aí, e escutar essas vozes é uma maneira de se mover nessa direção.

## Ativistas, artistas e pessoas muito legais

### Imani Barbarin

Criadora da poderosa hashtag #WhenICallMyselfDisabled [Quando Me Chamo de Deficiente], Barbarin escreve a respeito do mundo em que vivemos da perspectiva de uma mulher negra com paralisia cerebral. Sempre que algo relacionado a deficiência aparece nas notícias ou na cultura pop, eu sempre quero saber o que Barbarin tem a dizer a respeito. Siga o trabalho dela em https://www.crutchesandspice.com.

### Emily Ladau

Escritora, palestrante e podcaster com deficiência (dê uma olhada no podcast *The Accessible Stall! [O Banheiro Acessível!]*, ele vale seu tempo), Ladau vai além de toda a baboseira e expressa percepções honestas e cheias de nuance em conversas sobre deficiência que estão acontecendo hoje. Sério, eu mencionei o trabalho dela tantas vezes na defesa da minha tese que seria um ótimo drinking game.

## Alice Wong

Wong está na linha de frente de um movimento como a diretora e fundadora do projeto @Disability_Visibility (uma coleção de histórias orais de pessoas com deficiência); ela começou a hashtag #CripLit (conversas no Twitter para escritores com deficiência) e a #CripTheVote (um movimento não partidário para trazer vozes com deficiência para a política) e cocriou o projeto Access Is Love [Acesso é Amor] (uma iniciativa para repensar e promover a expansão do acesso). Ela é grande, e você quer ouvir o que ela tem a dizer.

## Stella Young

Ativista revolucionária que criou o conceito de "pornografia da inspiração" em seu TED Talk "Eu não sou sua inspiração, muito obrigada". Young não está mais entre nós, mas sua voz ainda carrega muito poder na comunidade de pessoas com deficiência.

## Livros

**Eli Clare**, *Pride and Exile: Disability, Queerness, and Liberation* *[Orgulho e exílio: Deficiência, sexualidade e libertação]* (1999) e *Brilliant Imperfection: Grappling With Cure [Brilhante imperfeição: Lutando com a cura]* (2017)
Roteirista, ativista, teórico e poeta que explora a interseccionalidade entre deficiência, raça, gênero, sexualidade e classe. Não con-

sigo ensinar nada relacionado a deficiência sem trazer Clare para a conversa.

**Wilkie Collins,** *Poor Miss Finch* [*Pobre srta. Finch*] (1872)
Um belo romance vitoriano que conta uma história sensacional ao redor de uma protagonista cega. Collins pode muito bem ter sido o primeiro escritor a colocar uma mulher com deficiência no centro de uma história cuja resolução não está em um retorno da visão e que é retratada como um interesse amoroso desejável, eventual mãe e força poderosa. Que inferno, 150 anos depois e ele *ainda* é um dos únicos escritores a contar esse tipo de história.

**Lucy Grealy,** *Autobiography of a Face* [*Autobiografia de um rosto*] (1994)
Poeta e memorialista estadunidense que escreveu a história de sua busca pela vida inteira para corrigir suas deformidades faciais por meio de cirurgias reconstrutivas. Obrigada, Grealy, por nos dar o presente de sua mente inabalável antes de deixar este mundo.

**Alison Kafer,** *Feminist, Queer, Crip* (2013)
Teórica que escreve uma prosa impressionante examinando criticamente a relação entre deficiência e cultura pop, eventos sociais e políticos atuais e construtos teóricos. Podemos nos dividir em antes e depois de se ler FQC – eu passei a ver o mundo de uma maneira diferente depois de ler esse livro.

**Andrew Solomon,** *Longe da árvore: Pais, filhos e a busca da identidade* (2012)
Escritor de não ficção e ativista que segue sua própria imensa curiosidade ao explorar as intersecções entre identidades marginalizadas.

Eu sou muito grata pela inabalável nuance que Solomon traz ao mundo; ele não toma nada como certo, e eu me sinto ao mesmo tempo corajosa e à vontade quando olho para o mundo com a voz dele em mente.

## Séries de TV

### Special

Essa minissérie da Netflix conta a história de um homem gay com paralisia cerebral confrontando seu próprio capacitismo internalizado e enfrentando os desafios de "sair do armário" como pessoa com deficiência para seus colegas de trabalho. É escrita e interpretada pelo protagonista verdadeiro da história, Ryan O'Connell, e a história é cheia de momentos que transportam o espectador para a dor e as delícias da vida com deficiência.

### Speechless

Essa série de comédia da ABC conta a história da excêntrica e cativante família DiMeo, que inclui JJ, um adolescente com paralisia cerebral. O personagem de JJ é interpretado por Micah Fowler, um ator com paralisia cerebral. O criador Scott Silveri cresceu com um irmão que tem PC e sua família era bem parecida com a família retratada na série. As piadas são boas e frescas e me fazem rir e a família meio que me lembra da minha própria família esquisita.

# Instagram

Existem tantas – sério, tantas – pessoas com deficiência criando conteúdo na internet, pessoal. Mantive as hashtags da edição norte-americana, e, para esta edição brasileira, incluí nomes e hashtags comuns no Brasil. Quando você começar a passear por eles, eu sei que você vai amá-los também.

**Hashtags em inglês**
#DisabledAndQueer
#DisabledAnd
#DisabledFashion
#DisabledJoy
#DisabledPeopleAreHot
#DisabledParent
#DisabledMom
#DisabledDad
#DisabilityVisibility
#DisabilityAwareness
#DisabilityInclusion
#AbleismExists
#AbleismIsTrash
#AccessIsLove
#BabeWithAMobilityAid
#CripplePunk
#HospitalGlam

#Spoonie
#SickGirlsClub
#SickChick
#TheFutureIsAccessible
#WhenICallMyselfDisabled
#NothingAboutUsWithoutUs
#365DaysWithDisability

**Hashtags em português**
#acessibilidade
#cadeirante
#capacitismo
#diversidade
#inclusão
#modainclusiva
#PCD
#pessoacomdeficiencia

## Pessoas brasileiras incríveis

**Ana Clara Moniz**
(@_anaclarabm)

**Carolina Ignarra**
(@carolinaignarra)

**Flávia Cintra**
(@flaviacintraoficial)

**Laissa Guerreira**
(@laissaguerreira)

**Leandrinha Du Art**
(@leandrinhadu)

**Lorrane Silva**
(@_pequenalo)

**Marcelo Rubens Paiva**
(@marcelorubenspaiva)

**Marcos Rossi**
(@marcosrossireal)

**Marina Melo**
(@marimeloabreu)

**Tabata Contri**
(@tabatacontri)

# Posfácio

Um dia depois de eu ter enviado o manuscrito final deste livro – sério, menos de vinte e quatro horas depois de eu ter apertado "enviar" neste bebê –, Micah e eu ficamos encantados ao descobrir que estávamos grávidos (?!?!). Como eu compartilhei com vocês apenas algumas páginas atrás, nós nunca soubemos se meu corpo poderia conceber. "Você não sabe até saber", meus médicos sempre me disseram.

Sete dias depois, Micah foi diagnosticado com câncer de cólon. Essa notícia foi dez vezes *mais* chocante, petrificante e definidora.

Os meses seguintes viraram um borrão de exames e fazer xixi em copinhos. Um cirurgião, um oncologista, um radiologista, um nutricionista, um obstetra de alto risco, um especialista em lesão da medula espinhal, um especialista em dor. O tumor de Micah foi declarado como estágio 2 quando eu estava grávida de onze semanas. Quando o técnico de ultrassom pegou o equipamento e o gel para nosso primeiro ultrassom, eu estava totalmente preparada para que uma voz sombria anunciasse más notícias. Em vez disso, uma pequena baleia bebê surgiu na tela – seu grãozinho de coração piscando para nós. "Tudo está nos trilhos!", disse o técnico. "Normal, normal, normal!" Eu não estou acostumada a ouvir essa palavra em relação ao meu corpo. "Mesmo? Tem certeza?" Eu fiquei chocada e irritada com meu próprio choque. O tumor de Micah media cerca de cinco centímetros, nosso feto tinha três centímetros.

A história escrita para o homem bonitão de 34 anos não incluía câncer de cólon. A história escrita para a animada mulher com deficiência não incluía ser uma cuidadora e ter filhos. Enquanto Micah se preparava para a cirurgia e meu corpo continuava a se expandir com o crescimento de uma pessoa humana completa, nunca pareceu mais claro: todos os nossos corpos carregam uma multiplicidade de forças e fragilidades, e às vezes tudo isso é a mesma coisa.

E então – você deve se lembrar dessa parte – todo o globo cedeu sob a contaminação sem precedentes da covid-19. Micah ainda estava se recuperando da cirurgia em uma UTI lotada quando ouvimos as notícias saindo das TVs dos outros pacientes. Eu estava sentada na poltrona dura ao lado da cama de Micah, acariciando minha barriga – redonda de vinte e seis semanas – e tentando entender o que estava acontecendo, o que tudo aquilo significava. Um vírus estava se espalhando pelo planeta e todo mundo discordava fortemente em relação ao que fazer.

Tanta coisa mudou – no meu pequeno mundo e no grande mundo – desde que escrevi as primeiras palavras soltas deste livro. O corpo "saudável" do meu parceiro revelou sua própria mortalidade. Mesmo que ele esteja se recuperando da cirurgia com um bom prognóstico, está lidando com mudanças permanentes em um corpo que ele sempre teve o luxo de ignorar. Meu corpo com deficiência testou suas habilidades majestosas. Mesmo que meu fígado tenha falhado, meus pés tenham inchado até uma forma irreconhecível e minha bexiga tenha exigido manutenção e imaginação extra, essa gravidez e nosso bebê seguiram uma trajetória surpreendentemente típica. Ao mesmo tempo, o vírus trouxe para o holofote as fragilidades inerentes que vêm de se viver em um corpo (quer todo mundo tenha reconhecido isso ou não). Quase do dia para a noite, locais de trabalho se tornaram mais flexíveis, mais acessíveis. Criaram acomodações antes ditas impossíveis. Uma enorme porção da população dos Estados Unidos de repente se viu sem seguro de saúde, simplesmente porque uma força totalmente fora do seu controle dizimou nossa economia. Administradores hospitalares tiveram que decidir quais vidas priorizar em seus andares superlotados, revelando com frequência algumas das crenças capacitistas mais feias que a humanidade ainda conserva.

Enquanto digito estas palavras, meu bebê inquieto chuta (e soca e rola) contra os meus braços, me lembrando de que ele vem viver neste mundo conosco, e daqui a pouco. Tenho várias abas abertas no meu computador nas quais eu checo compulsivamente os números mais recentes de casos e mortes. Meus pés inchados estão apoiados em uma bacia enorme que Micah colocou embaixo da minha escrivaninha; como tantos dos nossos corpos atualmente, o meu está exausto e aguentando. Conforme me preparo para o nascimento dos meus dois bebês – humano e livro –, sinto uma urgência maior por trás das palavras que reuni aqui. As coisas estão mudando rápido, e trazer o corpo com deficiência para o centro da conversa só pode acrescentar percepções, nuance e práticas muito necessárias e conquistadas a duras penas para a reimaginação exigida de nós. Percepções como: separar corpos em uma hierarquia dos que valem a pena ser salvos é uma prática arbitrária e perigosa; seguro de saúde nunca deveria depender de emprego; colaboração coletiva nos leva muito mais longe do que buscas individuais. Não que as pessoas com deficiência tenham todas as respostas para os problemas se desdobrando à nossa volta – meu Deus, quem tem? – mas, se já houve um momento para nos convidar para a (figurativa, socialmente distanciada) mesa, eu diria que ele chegou.

# Agradecimentos

Eu sou tecnicamente a autora deste livro, eu sei. Meu nome está bem ali na capa. Mas há tantas pessoas que ajudaram a trazer este livro ao mundo. Ele simplesmente não existiria sem o cuidado firme e terno de uma vila inteira.

Obrigada ao meu parceiro, Micah, por ler cada milímetro de cada rascunho que foi escrito para este livro. Consigo ver você, andando de um quarto para o outro com meu notebook nas mãos, lendo parágrafo após parágrafo em voz alta, cuidando dessas histórias como se fossem suas. Não acho que consigo imaginar uma expressão maior do que é ser vista e amada por outra pessoa.

Obrigada aos meus pais por continuarem a torcer pela minha escrita (apesar da aversão instintiva de vocês a cada "blasfêmia" que soltei nessas páginas). Vocês passaram por muita coisa com essa caçula de vocês, mas seu amor e sua afirmação inabaláveis foram transformadores.

Obrigada aos meus irmãos por serem meu primeiro lugar seguro – por me darem uma imagem de aceitação incondicional que eu jamais vou perder.

Obrigada à comunidade aberta e generosa que encontrei no Instagram. Muito da minha voz foi cultivada, post a post, com vocês. Nos últimos anos, vocês criaram o espaço no qual eu encontrei as palavras para construir a ponte entre o mundo bagunçado à minha volta e o bolo de sentimentos enrolados dentro de mim enquanto vocês me afirmavam e incentivavam, consolavam e desafiavam.

Obrigada à minha primeira mentora de escrita, Laura Moriarty, por me ver como escritora antes que eu mesma pudesse me ver assim. Se eu não tivesse colidido com a sua energia criativa, não sei se este livro teria sido escrito.

Obrigada aos meus colegas no departamento de inglês. Apesar das minhas incansáveis inseguranças a respeito do valor da minha escrita – apesar do absurdo de tentar escrever um livro inteiro enquanto dou aulas para adolescentes todo dia –, o entusiasmo, o apoio e a celebração de vocês por este livro nunca falharam.

Obrigada à minha amiga e agente Laura Lee Mattingly. Não consigo acreditar que você existe, muito menos que nos encontramos. Se eu pudesse conjurar minha agente dos sonhos, ela seria você.

Obrigada à minha editora, Hilary Swanson. Da primeira vez que nos falamos, eu senti a sala se encher de raios mágicos. Você enxergou minha visão para este livro desde seus primeiros rascunhos e a mostrou de volta para mim quando eu perdi minha certeza. Obrigada também à editora-assistente Aidan Mahony por deixar comentários nas margens do tipo que me fizeram esquecer que revisar é um processo horrível.

Obrigada a todos os acadêmicos da deficiência que questionaram o status quo mais alto com seu intelecto afiado e sua imaginação incansável. Obrigada por me ensinarem a fazer o mesmo.

Obrigada a todos os ativistas da deficiência que carregaram o peso, empurraram as barreiras e lutaram as batalhas que me deram o acesso que tenho hoje, sendo o não menos importante deles o acesso à educação que me ensinou a pensar, escrever e imaginar este livro.

FONTES  Amalia, Riforma
PAPEL  Bulky Creme IDF 90 g/m²
IMPRESSÃO  Imprensa da Fé